李元访谈录
INTERVIEWS WITH LI YUAN

李元◎口述　李大光　陈曦◎访问整理

20世纪中国科学口述史

湖南教育出版社

《20世纪中国科学口述史》丛书编委会

主　编：樊洪业
副主编：王扬宗　黄楚芳
编　委（按音序）：
　　　樊洪业　黄楚芳　李小娜　王扬宗
　　　杨　舰　杨虚杰　张大庆　张　藜

李元先生在家里接受访谈

席泽宗序

正当 21 世纪开头的时候，湖南教育出版社策划编辑出版一套《20 世纪中国科学口述史》丛书，有计划地访问一些当事人，希望他们能将亲历、亲见、亲闻的史实回忆口述，让采访者整理成文字和音像资料，为后人留下一些宝贵的文化财富。这是一件很有意义的事，应该得到各方面的支持。

口述历史很重要。《论语》就不是孔子（前 551—前 479）的著作，而是口述。这情形与希腊的苏格拉底（约前 470—前 399）及其以前的哲学家们相似。那个时代学者们还没有自己著书立说的习惯，思想学说都是靠自己口述而由门人弟子记录下来的。正如《汉书·艺文志》所说："《论语》者，孔子应答弟子、时人，及弟子相与言而接闻于夫子之语也。当时弟子各有所记，夫子既卒，门人相与辑而论纂，故谓之《论语》。"《论语》被奉为儒家经典，流传两千多年，一字值千金。我们当代人的所见、所闻、所历，不能与之相比，但"集腋成裘，聚沙成塔"，贡献出来，流传下去，对社会还是有益的。

司马迁著《史记》，上古部分文献太少，主要根据"传说"

席泽宗（1927—2008），天文史学家，中国科学院院士（1991）。

（一代一代"传"下来的"说"，即口述、口述、再口述），准确的年代只能从西周共和元年（前841年）算起，这不仅给年代学留下了一个空当，因而有今日的"夏商周断代工程"，还给后人提供了怀疑的口实。辛亥革命前后，国内外出现了疑古思潮，提出"东周以前无史"论，企图把中国文明史砍去一半。幸而这时在河南安阳殷墟发现了甲骨文，王国维于1917年写了《殷卜辞中所见先公先王考》及《续考》，指出甲骨文中发现的殷商王室的世系，与《史记·殷本纪》中所载相吻合，《殷本纪》中的口述记载只有个别错误。这就把中国有文字可考的历史，由东周上推了近千年。由此，王国维提出"二重证据法"："古书之未得证明者，不能加以否定，而其已得证明者，不能不加以肯定。"他又于1926年在上海《科学》杂志第11卷第6期上发表《最近二三十年中国新发现之学问》一文，指出中国历代出现的新学问大都是由于新的发现。他举了很多例子，最重要的是汉代曲阜孔壁中古文和西晋汲冢竹书的发现，说明新材料对于学术的推动作用。与此同时，胡适于1928年在《新月》第1卷第9期上写了一篇《治学的方法与材料》，进一步指出，我们不仅是要找埋在地下的古书，更重要的是要面向自然界找实物材料。他说："材料可以帮助方法；材料的不够，可以限制做学问的方法；而且材料的不同，又可以使做学问的结果与成绩不同。"他用1600年到1645年间的一段历史，进行中西对比，指出所用材料不同，成绩便有绝大的不同。这一段时间，中国正是顾炎武（1613—1682）、阎若璩（1636—1704）这些大师们活动的时代，他们做学问也走上了新的道路，站在证据上求证明。顾炎武为了证明衣服的"服"字古音读做"逼"，竟然找出了162个例证，真可谓小心求证。但是，他们所用的材料是从书本到书本。和他们同时代的西方学者则大不相同,像开普勒、伽利略、牛顿、列文虎克、哈维、波义耳,他们研究学问所用的材料就不仅仅是书本,更重要的是自然界的东西。哈维在他的《血液循环论·自序》中说:"我学解剖学和教授解剖学,都不是从书本上来的,是从实际解剖来的;不是从哲学家的学说上来的,是从自然界的条理上来的。"结果是,他们奠定了近代科学的基础,开辟了一个新的科学世界。而我们呢,只有两部《皇清经解》做我们300年来的学术成绩。

1915年《科学》的创刊和中国科学社的成立,标志着近代科学开始在中国落地、扎根,但成长、壮大、开花和结果,还有待于努力。中央研究院(1928年)、北平研究院(1929年)、中央工业试验所(1929年)、中央农业试验所(1931年)等国家科研机构的相继建立,《大学组织法》(1929年)、《大学规程》(1929年)和《学位授予法》(1934年)等的颁布,都为科学的进一步发展提供了必要条件。至1949年,全国已有700多位科学家在200余所高等院校、60多个科研机构、40多个学术团体中工作。用卢嘉锡半开玩笑的话来说,"这是一支物美价廉、经久耐用的队伍"。李约瑟把他记述抗战时期中国科学家工作的一本书,取名《科学前哨》(*Science Outpost*)。他在序中说:"书名似乎应当稍加解释。并不是我们中英科学合作馆的英籍同事远在中国而以科学前哨自居。我所指的是我们全体,不论英国人或中国人,构成中国西部的前哨。""这本书如有任何永久性的价值,一定是因为它提供了一类记录(虽然不甚充分)……看到中国这一代科学家们所具有的创造力、牺牲精神、坚韧、忠诚和希望,我们以和他们在一起为荣,今天的前哨就将成为明天的中心和司令部。"

李约瑟的预言不久便实现了。1949年中华人民共和国的成立，为科学的发展提供了前所未有的有利条件。1956年制定的《1956—1967年科学技术发展远景规划纲要》，通过十几个重大项目、几十个重点研究任务、几百个中心课题，把第二次世界大战以来的新科学和尖端技术都涵盖于其中，下决心，攀高峰。据杨振宁搜集起来的10项产品的年代比照，我们的赶超速度是很快的。从原子弹到氢弹，我们所花费的时间最少：法国8年，美国7年，英国5年，苏联4年，中国3年，爆炸在法国之前。还要注意一点，别的国家的科学家，是全力以赴搞科学，中国科学家要政治学习、劳动锻炼、下乡"四清"，至于"文化大革命"那样的干扰，更是史无前例，就连"中国核弹之父"钱三强也不能幸免。1978年以后，抛弃以"阶级斗争为纲"，才把书桌子放稳，安下心来搞科研，然而在市场经济大潮的冲击下，也有新的问题。科学是没有阶级性的，但是科学家是在社会中生活的，科学事业是社会建构的一部分，都有时代的烙印。与过去300年相比，科学在20世纪的中国，特别是后50年，取得了举世瞩目的成就。总结这段历史经验，对于21世纪科学的发展无疑是有借鉴意义的。这项工作国内有许多人在做。

湖南教育出版社邀请有经验的专家组成编委会，派人准备从人物（包括科研组织管理工作者）、学科、事件等方面进行访谈和旧籍整理，这无疑是一种新的形式。口述历史虽然是历史学的最初形态，但那时没有录音、摄像等设备，也没有现在的严密组织准备，效果是不一样的。因此，我相信，这套书一定能成功，故为之序。

2007年10月于北京

李元访谈录
Interviews with Li Yuan
韩启德序

20 世纪是中国社会巨变的一个世纪，也是中国科学大发展的一个世纪。

中国的现代科学是在西方科学传入之后发展起来的。远在明末清初，西方科学就传到了中国。但从明末到清末，300 年的"西学东渐"，其主要成果不过是翻译介绍了一些西方科学著作，传播了一些科学知识。到了 20 世纪，中国才出现了现代意义的科学事业和科学家。

20 世纪之初，在以"新政"为标榜的政治和社会改革风潮中，延续千年的科举制度被废除，近代新学制开始在全国范围内实施，现代科学被纳入我国教育体制，从此科学知识成为中国读书人的必修课程，科学观念逐步深入人心。"赛先生"与"德先生"成为五四新文化运动的两面旗帜。

20 世纪二三十年代，特别是国民政府成立之后，国立和私立大学的科学教育和科研水平稳步提高，以中央研究院为代表的专门科研机构逐步建立，一系列专业学会成立起来并开展各种学术活动，奠定了我国现代科学各主要学科的基础。然而，

韩启德（1945— ），病理生理学家，中国科学院院士（1997）。现任全国人大常委会副委员长，九三学社中央主席，中国科学技术协会主席。

日本侵华战争使我国刚刚起步的现代科学事业遭到严重摧残。抗战胜利后,内战又使科学事业在短期内无法恢复元气。

中华人民共和国成立之后,在中国共产党的领导下,科学事业受到前所未有的重视。新中国成立后不久,国家就陆续成立了从中央到地方的各级综合性和专业性科研机构,调整和新建了一大批高等院校,组织实施了一系列重大科研计划。在20世纪的50年代末到60年代,以"两弹"(原子弹和导弹)研制、大庆油田的开发和人工合成结晶牛胰岛素等重大成就为标志,我国科学事业实现了跨越式的发展。不幸的是,不断升级的政治运动严重干扰和破坏了科学事业。"文化大革命"十年动乱,使我国科学不进反退,拉大了我们与世界先进水平的差距。

改革开放迎来了中国科学的春天,知识分子终于彻底摘掉了"臭老九"的帽子,我国科技工作者焕发出前所未有的活力。经过科技体制改革的探索,在20世纪末,我国确立了"科教兴国"战略。近年来,国家对科技的投入大幅增长,科研水平稳步提高,我国科学技术全面发展的时代正在到来。

一个世纪之前,中国的现代科学事业几乎还是一张白纸。今天的中国科学已经以崭新的面貌自立于世界。"两弹一星"、杂交水稻、载人航天等一系列成就,标志着我国科学技术事业的空前发展,同时也极大地提升了我国的国际地位。但我们也应清醒地认识到,我们与国际科学技术的先进水平还存在相当差距,我们仍然在探索适合中国国情的科技发展道路,建立完善的现代科研体制的任务还没有完成。

中国现代科学技术的发展既有顺利的坦途,也历经坎坷和曲折。艰苦的物质条件和严酷的政治运动没有动摇中国科技工作者的爱国报国之心和求索创新之志。为中国科学技术事业建立功勋的既有像"两弹元勋"一样的科学英雄，更有许多默默无闻、甘于奉献的科技工作者。他们的名字，他们的事迹，是中国现代历史中的重要篇章。比较令人遗憾的是，我们很少见到中国科学家的自述、自传一类的作品。因此，许多科学家的事迹，他们的奋斗与探索，还不大为社会所了解；许多珍贵的历史资料，随着一些重要当事人的老去而永远消失，铸成无法挽回的损失。

湖南教育出版社出版的这套《20世纪中国科学口述史》丛书，在一定程度上弥补了这个缺憾。口述历史的特点是真实生动、细节丰满、可读性强。这套丛书中，无论是口述自传、个人或专题访谈录，还是科学家自述，都出自科学家、科技管理者、科学普及工作者或科技战线的其他工作者的亲口或亲笔叙述，是中国现代科学事业的参与者回忆亲历、亲见、亲闻的史实，提供了许多鲜为人知、鲜活逼真的历史篇章，可以补充文献记载的缺失，是我们研究中国现代科学发展史的珍贵资料。同时，书中也展现了我国科技工作者爱国敬业、艰苦探索、勇于创新、无怨无悔的精神境界，必将激励后来者为发展我国的科学技术而努力奋斗。

近年来，访谈类节目在电视、电台热播，大受欢迎。我相信，《20世纪中国科学口述史》丛书也一定能赢得读者的喜爱，在我国科学文化建设中发挥应有的作用。故乐为之序。

2007年10月于北京

李元访谈录
Interviews with Li Yuan

主编的话

以挖掘和抢救史料为急务

自文艺复兴以来，西方经过宗教改革、世界地理大发现、科学革命和产业革命，建立了资本主义主导的全球市场和近代文明。在此过程中，科学技术为社会发展提供了最强大的动力，其影响至20世纪最为显著。

在从传统社会向近代社会的转型中，国人知识结构的质变，第一代科学家群体的登台，与世界接轨的科学体制的建立，现代科学技术学科体系的形成与发展，乃至以"两弹一星"为标志的一系列重大科技成就的取得，都发生在20世纪。自1895年严复喊出"西学格致救亡"，至1995年中共中央、国务院确定"科教兴国"的国策，百年中国，这"科学"是与"国运"紧密关联着的。百年中国的科学，也就有太多太多的行进轨迹需要梳理，有太多太多的经验教训需要总结。

关于20世纪中国历史的研究，可能是格于专业背景方面的条件，治通史的学者较少关注科学事业的发展，专习20世纪科学史者起步较晚，尚未形成气候。无论精治通史的大家学者，或是研习专史的散兵游勇，都共同面临着一个难题——史料的缺乏。

史料，是治史的基础。根据20世纪中国科学史研究的特点，搜求新史料的工作主要涉及文字记载、亲历记忆、图像资料和实物遗存这四个方面。

20世纪对于我们，望其首已遥不可及，抚其尾则相去未远。亲身经历过这个世纪科学事业发展且做出过重要贡献的科学家和领导干部，大都已是高龄。以80岁左右的老人为例，他们在少年时代亲历抗日战争，大学毕业于共和国诞生之初，而国家科学事业发展的黄金十年时期（1956—1966）则正是他们施展才华、奉献青春、燃烧激情的岁月。这些留存在记忆中的历史，对报刊、档案等文字记载类史料而言，不仅可以大大填补其缺失，增加其佐证，纠正其讹误，而且还可以展示为当年文字所不能记述或难以记述的时代忌讳、人际关系和个人的心路历程。科学研究过程中的失败挫折和灵感顿悟，学术交流中的辩争和启迪，社会环境中非科学因素的激励和干扰等，许多为论文报告所难以言道者，当事人的记忆却有助于我们还原历史的全景。

湖南教育出版社欲以承担挖掘和抢救亲历记忆类史料为己任，于2006年启动了《20世纪中国科学口述史》丛书的工作计划，在学界前辈和同道的支持下，成立了丛书编委会，于科学史界和科学记者群中招兵买马，认真探索采访整理工作规范和成书体例。通过多方精诚合作，在近两年中已出版图书20种，得到了学术界和读者的认可。

近年兴起的口述史（Oral History）热潮，强调采访者的责任，强调采访者与受访者之间的互动，强调留下"有声音的历史"。不过，口述史内容的"核心"是"被提取和保存的记忆"（唐纳德·里奇《大家来做口述历史》）。把记忆于头脑中

20 世纪中国科学口述史
The Oral History of Science in 20th Century China Series

的信息提取出来,方法上有口述与笔述之差别,但就获取的内容而言,并无实质性的差别。因此,本丛书当前在积极组织从事口述史采访队伍的同时,也积极动员资深科学家撰写回忆文本,作为"笔述系列"纳入本丛书中来。

科学,作为一种社会事业,除科学研究之外,还包括科学教育、科学组织、科学管理、科学出版、科学普及等各个领域,与此相关的人物和专题皆可列入选题。

本丛书根据迄今践行的实际情况,在大致统一编辑规范的基础上,将书稿划分为5种体例:

1. 口述自传——以第一人称主述,由访问者协助整理。

2. 人物访谈录——以问答对话方式成文。

3. 自述——由亲历者笔述成文。

4. 专题访谈录——以重大事件、成果、学科、机构等为主题,做群体访谈。

5. 旧籍整理——选择符合本丛书宗旨的国内外已有文本重新编译出版。

形式服务于内容,还可视实际需要而增加其他体例。

受访者与访问整理者,同为口述史成品的作者。忆述内容应以亲历者的科学生涯和有关活动为主线展开,强调以人带史,以事系史,忆述那些自己亲历亲闻的重要人物、机构和事件,努力挖掘科学事业发展历程中的鲜活细节。

书中开辟"背景资料"栏,列入相关文献,尤其注重未经披露的史料,同时还要求受访者提供有历史价值的图片。这些既是为了有助于读者更好地理解忆述正文的内容,也是为了使全书尽可能地发挥"富集"史料的作用。

有必要指出,每个人都会受到学识、修养、经验、环境的局限,尤其是人生老来在记忆力方面的变化,这些会影响到对史实忆述的客观性，但不能因此而否定口述史的重要价值。书籍、报刊、档案、日记、信函、照片，任何一类史料都有它们各自的局限性。参与口述史工作的受访者和访问者，即便是能百分之百做到"实事求是"，也不能保证因此而成就一部完整的信史。按名家唐德刚先生在《文学与口述历史》一文中的说法，口述史"并不是一个人讲一个人记的历史，而是口述史料"。史学研究自有其学术规范，不仅要用各种史料相互参证，而且面对每种史料都要经历一个"去粗取精，去伪存真"的过程。本丛书捧给大家看的，都是可供研究20世纪中国科学史的史料，囿限于斯，珍贵亦于斯。

受访者口述中出现的历史争议，如果不能在访谈过程中得以澄清或解决，可由访问者视需要而酌情加以必要的注释和说明。若对某些重要史实有不同的说法，则尽可能存异，不强求统一，并可酌情做必要的说明或考证。因此，读者不必视为定论，可以质疑、辨伪和提出新的史料证据。

本丛书将认真遵循求真原则和史学规范，以挖掘和抢救史料为急务，搜求各种亲历回忆类史料，推动20世纪中国科学史的研究！

欢迎各界朋友供稿或提供组稿线索，诚望识者的批评指教。谨以此序告白于20世纪中国科学史的研究者和爱好者。

樊洪业

2008年10月于中关村

2011年元月修改于中关村

目录

小 序		001
引 言		002
第1章	走上天文之路	002
	家庭的影响	002
	逃难与看星	009
	18岁的中国天文学会永久会员	017
第2章	我的大学：紫金山天文台	028
	图书管理员　绘图员　观测员	028
	参加七科学团体联合年会	031
	《科学世界》和"中国青年天文联谊会"	033
	正式考入紫金山天文台	036
	十科学团体联合年会	038
	在上海迎接解放	039
	大众天文社	043

第 3 章	**在北京天文馆**	050
	北京天文馆的筹建与开幕	051
	《到宇宙去旅行》	066
	《天文爱好者》杂志的诞生	067
	"文革"时期的北京天文馆	070
	北京古观象台的接收和开放	076

第 4 章	**在科普研究所**	088
	"文革"之后	088
	调入中国科普研究所	093
	引进国外优秀科普读物和开展国际交流	096
	美国国家地理学会与《国家地理》	105
	美国科普文化之旅	109
	对日本科普工作的调研	121

第 5 章	**名挂太空：中国科普人的骄傲**	128
	命名申报和批准的过程	128
	做科普也有此殊荣	135
	科普写作与科教影视	137
	开拓"太空美术"事业	140

第 6 章	**接待国家领导人**	154
	紫金山上聆听毛泽东"谈天"论古今	154
	天文馆里陪同周恩来仰望星空	164
	中南海里的科普座谈会	169

第 7 章	**难忘岁月中的良师益友**	180
	科学前辈的引导	180
	国内外的挚友	195

附录	203
李元年表	204
李元主要著述目录	207
主要参考文献	209
人名索引	210
后　记	216

李元访谈录
Interviews with Li Yuan

小 序

口述历史是近年来兴起的一种新的成书方式，我有幸被选为《20世纪中国科学口述史》丛书的作者之一，但事前我从未想过。一天，当我被邀请参与写作这本口述历史时，我实在是缺少思想准备的。当我自觉和不自觉地匆忙踏上这部三套马车时，喘息未定，车轮已滚滚向前，一切就这样开始了。因此这本口述历史不可能那么完整和恰当，也可以说是一本内容并不平衡的作品。但有一点是肯定的，所讲的都是事实。由于年已高迈，记忆未必准确，差错在所难免。感谢李大光老友和陈曦女士能不厌其烦、不辞劳累地和我合作才有今天的成果，并有待社会与读者的评说。

李元于北京
2008年8月于83岁

李元访谈录
Interviews with Li Yuan
引 言

　　李元先生的一生几乎全部献给了天文科普事业。从20岁开始，60多年来，他给中国天文科普舞台上留下了一些有意义、也颇具传奇色彩的故事。他生于富庶人家，父亲给他创造了一个获得科学知识的环境，使得他从小就接触科学。他所受的"高等教育"是在国家一流的研究机构——南京紫金山天文台完成的；他从未在政府管理机构做过官，但是，却最早也最积极地提出建立国家级天文馆的建议；毛泽东、周恩来、刘少奇、陈毅、邓小平等领导人参观紫金山天文台和北京天文馆的时候，恰巧都是由他接待和讲解星空知识；当天文美术在国际上流行正盛的时候，他敏锐地意识到这是传播天文学的极佳形式，并将这种科普美学介绍到中国。

　　李元先生从小受到父亲的熏陶，从看幼儿读物开始接触科学，从看天文画报和学习使用仪器观察天象开始了解天文。后来又与科普书结下不解之缘。从1945年开始做天文科普到现在，他的科普生涯走过了半个多世纪。他的故事不仅仅是他自己的经历，也是中国近代天文科普事业的写照。李元先生认为，前辈科学家，如高鲁、竺可桢、张钰哲、陈遵妫、李珩、戴文赛等给予他的教诲和学术上的帮助，是他后来成功的最重要因素。他与大师们的交往经历，也是科学史研究的重要资料。

1998年国际编号6741号小行星被命名为"李元星"，这是世界上第一次用中国科普工作者的名字命名的天体。这件事在中国科普界引起轰动，引发了人们对科普事业的思考。李元先生认为，这是对科普事业的肯定，是对中国科普人的肯定。

科普工作者的工作方式不同。有人写科普书和科普文章，有人写电影剧本和拍电视作品，有人善于演讲，李元先生则认为自己更是一个科普活动家。视其平生，他最大的贡献是"斗胆"给国家领导人写信，呼吁建立北京天文馆。有趣的是，他竟然能够得到及时的回复，并最终促成了北京天文馆的建设。是他的大胆，还是他那炙热的赤子之情达成最终的成功？他的执着、坦率和"冒昧"似乎回答了我们的问题。

李元先生，平生无门无派，但他广结善缘，为人处世的方式使他拥有很多朋友，许多人甚至成为他一生的朋友。当然，李元先生也有他的局限性。他一生没有做过"官"，没有做过管理者，也不关心官场诸务，这使得他不可能接触到更多政策上的事情。因此，他的历史更多涉及的是具体的事。我们只能了解过去科普重大事件发生时在他活动中的表现，而不可能了解事件背后的原因。

李元先生非常喜欢唱歌。他在公开场合唱歌有时是接受邀请，有时则自己要求演唱。他唱歌的时候尽心尽力，声情并茂。他的开朗乐观感染了所有与他交往的人。

他的乐观豁达使得他拥有十分健康的身体。2003年，他被评选为北京市"健康老人之星"。他甚至可以连续和我们交谈10个小时之久，而且人物、时间、地点、情节，甚至当事人当时说的话都交代得十分清楚。他的健康善谈和超人的记忆力使得我们的工作进展十分顺利。

李大光

他出生于富庶之家，科普杂志和书籍使他爱上科学，尤其是天文学。他沉迷于看星与读书，哪怕是在颠沛流离的战争年代。18岁那年，他被接收为中国天文学会永久会员。

第1章

走上天文之路

家庭的影响

访：李先生，您是我国著名的天文科普专家，开创了中国天文科普界的许多个第一。能说说当初您是如何走上天文学道路的吗？

李：这要从我的童年谈起。1925年，我出生在山西省太原市，老家在位于长城以北、雁门关外的山西朔州，家庭环境为我的成长打下了良好的基础。我的父亲叫李尚仁（1884—1968），1902年被县里保送到山西大学堂中学专斋，毕业后，又于1905年自费留学日本，就读于经纬学堂。这期间他在东京参加了孙中山领导的同盟会，1913年又以公费考入日本名古屋高等工业专门学校纺织科。1915年毕业回国后到了山西，当过农业学校的编译员。从1918年开始担任山西省立工业专科学校校长将近20年。当时的太原城，农业专科学校在东城，工业专科学校在西城。工专是专门培养工业技术人员的，既搞教学又搞生产，培养了数以千计的学生。

从这个学校毕业的学生，后来大都从事过创办工厂等技术方面的工作，有的还成为山西省乃至华北、西北地区工业方面的专家。父亲担任这所学校的校长，对我的影响很大；而他后来担任政府官员的经历对我的学业及以后从事科普工作影响不大。

当时，阎锡山创办了西北实业公司，性质类似于蒋介石办的中央资源委员会。阎锡山在山西办了好多工厂，连兵工厂都有，我父亲的许多学生就分散在这些厂里。工业学校所设专业门类齐全，冶炼设备、电器、皮革、纺织、化工、照相制版等都有，我当时年龄小，对此十分好奇，经常去工厂看看。这些工作让我意识到实业能救国。

我父亲有许多藏书。在他的藏书中，有很多科学书籍，比方说《汉译科学大纲》(Outline of Science)①。阅读这套书的时候，我会将书中讲到的知识与我在父亲工厂看到的实物进行对照，譬如体验化学药品的味道啦，观察冶炼钢铁的过程和制革的过程等。当时，窑业部在山西出产的瓷器很有名，质量很好，销量也很好，在书中读到与此有关的知识，也就特别用心。虽然父亲也教我念古文诗词，但是对我影响最大的，还是这些科学技术方面的知识。

《汉译科学大纲》是英国著名生物学家、博物学家兼科普作家约翰·阿瑟·汤姆生爵士（John Arthur Thomson，1861—1933）主编的四卷本科普著作。汤姆生一生从事生物学研究，并以进行科普演讲和写作驰名。我国早期的著名科学家任鸿隽②对此书大为称赞，并在1923年中国科学社主

---

① ［英］约翰·阿瑟·汤姆生著，胡明复等译：《汉译科学大纲》。上海：商务印书馆，1923年6月。

② 任鸿隽（1886—1961），生于重庆垫江。我国近代科学事业的奠基人之一。留美期间，于1915年发起创立中国科学社。历任北京大学教授、教育部专门教育司司长、东南大学副校长、中华文化教育基金会干事长、四川大学校长、中央研究院总干事等职。著有《科学概论》等。

办的《科学》杂志中,详细介绍了该书的内容①。我国著名学者、出版家王云五 1922 年就任商务印书馆编译所所长后,当即聘请多名中国科学社的骨干,分别担任《汉译科学大纲》各章的翻译。这套书后来作为"汉译世界名著丛书"之一于 1930 年编入《万有文库》② 第一辑。它是当时最豪华的科学读物,精装版,非常漂亮,我可以在我父亲的书房里随便翻阅。虽然那时我大概仅有 10 岁,但是书中精美的插图已经引起了我极大的兴趣,激发了我对科学的爱好。

这套丛书第一本讲的就是天文学,概括地介绍了天体系统,插图很好看,我印象很深刻,比如北极光啊,太阳的火焰啊,月亮环形山啊,等等。举个例子,它的第一幅插图就是太阳的火焰——日珥的图片,并在第一章里详细介绍了太阳系,一下子就引起了我的兴趣,让我对天文学和天文知识有了初步认识。书中还有月亮形成的图解,讲解月亮是怎么产生、怎么形成的,非常生动。这些图解深深打动了我。后来我一直搜寻这套书的原版,也总算买到了,"文革"抄家时丢过一次,之后在旧书店又如逢故人。我自己的那套后来就送人了。

我父亲在孩子们的教育方面是很舍得花钱的,我有三个哥哥、三个姐姐、两个弟弟和一个妹妹。父亲给我弟弟妹妹买的是商务印书馆的《幼童文库》③,那里面有很多彩色插图。其中一本书叫作《天空中》,分为上、中、下三部分,上册讲的就是天文和气象知识,我现在还能记起这本书的

---

① 任氏撰文称:"《科学大纲》之所以为大,以其范围之广大,取材之宏富,有以示智识一致之趋向","在普遍科学书中,此书虽不云绝后,亦可谓空前"。参见《绍介科学大纲》一文,载《科学》第 8 卷第 1 期,1923 年 1 月,第 95~99 页。
② 王云五主编:《万有文库》。上海:商务印书馆,1929—1937 年出版第一、二辑。大约 1721 种,是迄今为止在中国出版量最大的文库。其目的是"使得任何一个个人或者家庭乃至新建的图书馆,都可以通过最经济、最系统的方式,方便地建立其基本收藏"。
③《幼童文库》第一辑。上海:商务印书馆,1935 年。

开篇内容:"太阳上,热难挡,东西都像糨糊一样……"书中一些顺口溜编得也很有意思,比如"月亮弯弯像小船"之类。父亲给我哥哥订了《科学画报》①,给我订了《儿童世界》,这些都是当时很有名的杂志。我特别喜欢看《科学画报》上登的那些文章和图画,它的封面也很吸引人,多是从欧美科学杂志上转载的科学图片,其中就包括很多天文图片。可以说,从童年起我就对天文知识产生了浓厚的兴趣。

1936年李元与父亲、姐姐在太原家中

访:《科学画报》现在还能够看到呢。当初这本杂志都刊登哪些文章呢?

李:什么都有,登载各种科学知识,可以说是包罗万象。它是中国科学社办的,封面也有彩色的,是当时中国最好的科普杂志了。虽说是父亲订给我哥哥看的,但是我跟着哥哥一起看,期期不落。生活在这样的家庭中,爱好科学是很自然的事。

访:那个时候有没有让您特别着迷的科普书刊?多是外国人写的吧?

李:第一本激发我强烈兴趣、引领我踏入天文学领域的书是《天空的神秘》②,作者是一位叫原田三夫的日本人。这本书是1936年我11岁读高小时看的,是系列丛书《初中文库》中的一本。以前我看《汉译科学大纲》是凭兴趣翻阅,但是这本书我是仔细阅读的,给我的启发很深。

---

①《科学画报》于1933年8月由中国科学社创办,是我国历史最悠久的一本综合性科普期刊。

②[日]原田三夫著,许达年译述:《通俗科学全集·第一集·天空的神秘》。上海:中华书局,1935年。

访:那时您是怎么拿到这本书的呢?买可能很贵吧?

李:学校图书馆里有啊,在我就读的太原市阳曲第一高小,我如获至宝,赶紧借来看,后来在北京的旧书店里还真买到了这本书。它主要讲天体系统,从太阳系讲到银河系,概括地讲解天文知识,让我大开眼界。接触到这些书籍后,爱好天文的种子就在我内心生根发芽了。

访:除了阅读科学类书籍外,听说从小您的父亲还教您认星。

李:是的。虽然我父亲的专业是纺织工程,但是他爱好广泛。留日后他曾经带了一些有趣的东西回来,比如其中有一个认星的圆盘,很小,能转动,叫作"星座早见",现在我们叫"活动星图"。从这个星图上,可以查到任何时间段的星星位置,几月几日几点钟,能看到的是什么星,这些星都分布在什么位置上。他把这个圆盘挂在客厅里,并没有刻意拿着它教我认星,我常常暗暗琢磨那上面一个个的小星星,当时也只是对星空有了初步了解,并没有深究其中的原理。可惜抗战逃难时我没能带走它,因为那时人心惶惶,哪里还顾得上这些事情。这个星图从此丢失了,但却让我念念不忘。我10岁那年,父亲托他留学德国的学生带回一架双筒蔡司望远镜,这架望远镜质量很好,规格为18×50毫米,后来我就是用这架望远镜陪同周恩来总理观星的。

这架望远镜成为李元一生的珍藏

访:这架望远镜是专门为教您认星买的么?

李:不是。我父亲买它的初衷是为了自己旅行时用,价格也很贵。后来,父亲用它教我看月亮,我记得当时是在家中院子里,放几个高凳子,再垫上几个枕头,把望远镜放在上面,对着月亮,让我们兄弟姐妹轮流看。我觉得那时从望远镜里看到的景象特别精彩，让我一生难忘。父亲一般是满月时让我们看月亮，当时觉得满月时应该是看月亮的最好时机，其实，从科学角度讲，满月时并非最理想的观测时机，但是当时缺乏天文知识，都在满月时观测。看着一轮圆月挂在夜空中，我常惊讶于这种美丽。后来我在紫金山天文台用专业的天文望远镜观测月亮时，常常会想起曾经和父亲一同观月的情景。

二战时，因为全家要逃难，父亲把望远镜放进箱子里，存在天主教堂，托付主教代为保管，当时考虑教堂还相对安全些。战后，我们又找回了望远镜，并托人从太原带到四川，成为我一生的珍藏。

访：看来，在科学素养方面您的父亲对您影响很大。作为一个父亲，他应该成为孩子生命中最重要的人。是这样的吧？

李：我6岁就失去了母亲，父亲从小就对我们管教很严，尤其是在学习上，他教导我们把物质享受放低，要好好读书，努力上进，学好科学文化知识。在他的影响下，我求知欲强，热爱科学。由于父亲当时社会地位比较高，我家的物质条件还算可以，现代化的收音机、唱机、电扇、汽车等科技产品都有，父亲仍要求我们艰苦朴素，吃的是粗茶淡饭，穿的是朴素衣服。所以从小我就对吃苦耐劳很有体会，也习以为常。对那些现代化科技产品的好奇，也促使我去了解它们的工作原理。父亲就是这样不断激励我们去获取知识，自己奋斗，而不是坐享其成。后来我意识到，并不是每一个家庭都能培养出孩子热爱科学、热爱知识的天性的。父亲的这种培养造就了我的事业心，让我对科学事业和科普事业充满了热情。

在智力投资方面，父亲花多少钱都舍得。他让我们兄弟姐妹从小都读书，不管是课本，还是课外书籍，需要的话，他都会给你买，还订阅了一些杂志，像《儿童世界》①《儿童画报》②《小朋友》③等。杂志的订阅一直持续到抗战时期。从小我家的书就很多，这也养成了我一生藏书的习惯。

此外，有一件事父亲一直督促我去做，那就是练字。从小，他就让我习练颜真卿的书法，你看，现在我的字写得还不算难看吧。刚开始时我是不太愿意练字的，但写着写着就觉得这真是门艺术，有意思极了。后来，我又对练习外文字产生了兴趣，这个父亲可教不了我。最初我练习英文字，后来看到星图上有希腊字母，又对希腊字母产生了兴趣，一般人不容易写好希腊字，但我写得还是不错的。此外，我还喜欢英国古体字和德国古体字，觉得特别好看，比如《纽约时报》（*New York Times*）刊头的字体。在这里讲一件有趣的事，我儿子曾在地图出版社工作，他们编绘了一幅中华人民共和国地图，还是吴作人题的字，地图下方需要写英文古体字，他为此费了不少工夫去描字，要是早说的话我几笔就能写好。

访：中国人要写好英文字不是一件容易的事情。我们这一代因为电脑用得多，很多人都不熟悉手写体了。

李：我是在上初一，大概十二三岁时练习的，我觉得那些字很好看，下课后就照着课本练习。后来还练习小草，苦苦练了近一年后，字有点像样子了。后来连美国人都说我的字写得好，我爱人的姐姐家在华盛顿近郊，华盛顿宇航博物馆的副馆长我认识，1995 年我曾去他家拜访过，他也来我大姐家里做过客，他曾说："Mr. Li Yuan 写的字比我们美国人写得都好。"

人们常说，字是敲门砖，字写得好，人家对你就有好感了。高中时我

---

① 《儿童世界》，1922 年创刊，上海：商务印书馆。
② 《儿童画报》，1922 年创刊，上海：商务印书馆。
③ 《小朋友》，1922 年创刊，上海：中华书局。

给著名天文学家张钰哲①写信,他在回信中提笔便写道:"吾弟来信,文辞流利,字迹秀逸,甚佳。"后来我画星图,要学习绘图字,就是一笔一画的正规楷书,因为我在初中时就学写了英文字,所以练习这些字并不是太难,为此我还请教了我爱人的大哥,他是美国麻省理工学院的博士,抗战时在中央大学学化工。所以说,我在练字上真是下了功夫的,这对于我后来事业的发展有很大的促进作用,绘星图也好,画图也罢,都受益匪浅。

我的父亲担任过国民政府山西省政府委员、天津市财政局长,后来还兼任过山西省工商厅厅长,之后还担任过建设厅厅长。他与当时山西省的高层人物来往颇多,傅作义等都来过我家。阎锡山接管山西时,我父亲作为山西省的代表之一,前往武汉国民政府接洽山西易帜北伐的问题。他还曾赤手空拳跑到天津,从奉系军阀张宗昌手中和平接管天津。政治上的事情我虽然不太了解,但是父亲结交的多是文化素养很高的上层人物,他们之间的书信往来我有时也会看看,有的人书法很好,我非常欣赏,这对提高我的文化修养也很有帮助。

逃难与看星

访:您现在还能回忆起抗战时期全家逃难的经历吗?在那动荡的年代是否还能继续读书和看星呢?

---

① 张钰哲(1902—1986),福建闽侯人。天文学家,中科院院士(1955)。1926 年毕业于美国芝加哥大学天文学系,1929 年获美国叶凯士天文台天文学博士学位。先后任中央研究院天文研究所所长,中国科学院紫金山天文台台长。致力于小行星和彗星的观测研究。编著有《小行星漫谈》等。

李：1937年7月抗日战争全面爆发，9月平型关战役打响，后来太原吃紧，在那儿没法待了，必须离开。当时我有个叔父在长沙的银行工作，我们就想投奔他去，因为人生地不熟的毕竟有个照应。10月，我们举家南迁，先去石家庄，我记得坐的是最后一班平汉路的车，从石家庄到汉口，我们走了之后，石家庄就沦陷了。逃难的生活是很惊险的，就这样一路颠簸到了长沙。

在长沙待的8个月时间里，父亲赋闲在家，他和哥哥们就教我念古文，像《古文观止》《岳阳楼记》《滕王阁序》《赤壁赋》等，并让我背诵，我还喜欢读一些神话和童话故事。广泛的阅读，文学的熏陶，对于日后从事科普工作也是很有益的。

这让我想起了1960年前后的一段往事。诗人臧克家在广播里讲授古文赏析的内容时，曾讲到苏轼的《前赤壁赋》："壬戌之秋，七月既望，苏子与客，泛舟游于赤壁之下。……少焉，月出于东山之上，徘徊于斗牛之间。"我也是偶然听他的节目，听到他解释这首词时说："一会儿月亮出现在东山之上，徘徊在牛郎星和北斗星之间。"我听出一处小小的错误来，可能因为他是文学家，是诗人，对天文学知识了解不多，所以容易搞混淆。于是我就给臧克家写了封信，信中说："您解释的都很美，但是有一处天文学知识上的错误，'斗'不是北斗，月亮永远到不了北斗；'牛'也不是牛郎星，月亮也不可能到达牛郎星。'斗牛'指的是斗宿和牛宿，斗宿即现在的人马星座南斗六星那里，牛宿是在摩羯星座那里。"他收到信后，一两周后就回了信："非常感谢你给我指出来问题，我不懂天文，你的更正很好。"后来他很快改正了，并在与广播节目配套的书中，我记得是中华书局出版的《中华活页文选》①也作了同样的修改。1962年，在

---

① 《中华活页文选》是中华书局主办的教辅刊物，创刊于1960年。

北京天文馆召开中国天文学会的年会，我还在天文馆把该词中描述的内容为与会代表演示了一番：把星空打在穹幕上，介绍斗在哪里，牛在哪里，月亮怎样在斗牛之间运行。大家对此很感兴趣。

由于战事持续吃紧，我们就溯江而上，到了沙市、宜昌，后来在1938年六七月间，我们辗转到达重庆。重庆是抗战的首都，是比较稳固的大后方，相对比较安全，家里人考虑到与其长途奔波，不如暂且安顿下来，决定先待在重庆。那时候的重庆人才汇聚，不仅有国民党的，共产党的也多。

访：在重庆的生活会稍微好一些吧？

李：刚到重庆的时候只能投宿旅馆。后来旅居重庆的山西同乡一起商量说，干脆咱们在重庆办个学校吧，在旅馆里无所事事也不是个事儿。他们都认为我父亲很有名望，就推举他当校长，那个学校就取名为太原私立友仁中学。大家商量校址定在哪里，都在积极寻找，后来决定就设在山西会馆。那时的山西会馆实际上就是一座破庙，大家凑钱找了些工匠，把山西会馆的房间用木料稍加修葺，有了教室和宿舍，学校就那么盖起来了。

山西会馆坐落在重庆的两浮支路。重庆的两路口是很有名的，两路口附近有一条支路，这就是两浮支路，两浮支路上的遗爱祠就是山西会馆的旧址。学校设在了那里，老乡们推举我父亲为校长，因为同为山西人，还把时任行政院长、财政部长的孔祥熙（1880—1967）请出来担任董事长，这样一来学校的招牌不就硬了么。

那时候我13岁，学校一办起来，我就和堂哥拿着招生广告，在重庆市的大街小巷到处张贴。因为学校名头打得比较响，就有许多学生来报名上学，特别是一批从武汉来的，人数比较多，因为那时从武汉撤退的人大批涌向重庆，人家一看这个学校的董事长是孔祥熙，就很信任，都来报名了；另外还有山西的一部分人来报名，这样友仁中学就办起来了。当时从太原流亡到重庆的一批教员，教学功底非常好，都聚集到友仁中学，虽说友仁中学是在破庙里开办的学校，但是教学质量非常高。学校从初中到高中共设6个班，学生大概有200人左右吧。1938年10月，我也入学了，从初一学起。

我在友仁中学上学时，开始学唱歌，我从小就喜欢唱歌，在高小时，从广播里听到《铁蹄下的歌女》《义勇军进行曲》《开路先锋》《大路歌》等歌曲，就特别喜欢，边听边唱。到了重庆，抗战歌曲已经很流行了，我们唱的全都是抗战进步歌曲。那时学校里有一个进步团体，叫作晨号社，晨号社组织大家唱歌，唱的都是聂耳、冼星海所作的进步歌曲，我唱歌的基础就是在那个时候打下的。晨号社也组织大家看苏联的革命进步文学作品，比如《铁流》之类。

1938年10月学校正式开学，1939年5月3日、4日，重庆遭受日机大轰炸，到了8月，我们学校也被炸毁了。

当时，整个重庆城被炸得满目疮痍，我跑到城里去看，发现我最喜欢的商务印书馆被炸得一塌糊涂。商务印书馆在上海时，在"一·二八事件"（1932）中就曾被轰炸，这回迁到重庆，工厂和图书馆再遭重创，看着商务印书馆漂亮的现代化建筑被炸得面目全非，我真是很痛心，感叹其命运维艰。商务印书馆被炸得不成样子，而它旁边的中华书局倒是什么影响都没有，可真是万幸。

由于我父亲的社会关系，与商务印书馆及中华书局的人都认识，所以我们友仁中学的招生处就设在了中华书局里。当时由于友仁中学没有多少经费，就向政府申请资金援助。那时有个中央赈济委员会，哪里有灾难就向哪里发赈灾款，我父亲就跟他们联系，说我们办学资金紧张，能不能政府资助一些,他们让我们去找中央赈济委员会的徐世英帮忙。徐世英曾是驻日大使,也是因为有孔祥熙的关系在,徐世英说拨款可以,但是你们学校的学生都要做义工,要成立救护队,去抢救被炸的伤员。

我们的学校在一个小山冈上,小山冈下面是长江和重庆市的珊瑚坝和菜园坝。不管白天黑夜,一旦有任务,我们就要列队打着旗子去市里参加救护。我当时读初中一年级,也参加了义工救护工作,经常到难民救护所帮忙干活,比如打饭、发放救济品之类。那时日机轰炸得很厉害,我冒着生命危险跑到重庆附近的山上去看,经常可以看到天空中日本轰炸机的照明弹,有时候子弹就从耳边呼啸而过。

学校旁边有个防空洞,通常我们就在里面躲避。1939年8月2日晚,日本轰炸机炸到了我们学校,当时躲在防空洞里,只听轰的一声,防空洞里一阵疾风吹过,我感觉整个洞都要垮塌了。为什么要炸我们学校?估计他们要炸的是蒋介石的中央训练团,在距离学校不远处,走路大概半个小时路程,却偏离了目标。

学校被炸了,我们的课没法上了,晨号社的活动也停了。我们晨号社成员大都思想进步,对我而言重要的是学唱了许多革命歌曲,我喜欢音乐就是在那时得到了启蒙。参加救护队,也培养了我艰苦奋斗的精神。

1940年前后,学校迁到了位于长江中上游地区的江津县(今重庆市江津区)的一个小镇,叫真武场的地方,所有的教员和学生在两座大庙里开课。因为这个地方在乡下,日机一般只轰炸大城市,所以相对就安全些。

我家也搬到了那里,那时候,父亲教我认了一些行星和星座,比如木星、土星等等。父亲以前在城市里工作忙,没有太多时间教我认星,现在到了乡下,飞机也轰炸不到,天气好,环境好,视野也广阔,星也亮,再者我们住的房子朝南，很适合晚上看星。所以他就教我认启明星等等，可以说那时候我才真正开始认星了。我父亲在这方面不是专家，他了解的也非常有限，没有星图也没法自学，我就自己瞎认，反正总比不认强吧。

访：在乡下的时候您的学习有保障吗？

李：那时因为上了初中，开始接触数理化，我最感兴趣的是化学。一有机会去重庆，我就到街上的书店去买书，不管新书旧书，只要喜欢我就买，宁可少吃一顿饭也要买，家里简直像一个小图书馆了。我那时就开始想以后要干一番事业，而不只是埋头学习。我还特别喜欢唱歌，上初二时，当时班上有三四十人吧，一到了晚自习，大家就凑在一起唱歌。

那时，我们就住在綦江边，穿着草鞋在江边跑来跑去，在綦江里我还学会了游泳，运动锻炼了我的体魄。比起重庆这样的大都市，我更享受这里的自由自在，我更愿意亲近自然——在阳光下游，在月光下也游；在江边的大片橘林里，吃多少橘子也没关系。尽管那时物质条件很差，但谁说小孩子就不能找到属于小孩子的快乐呢？哪怕经常听见日本飞机轰隆隆地从头顶上飞过，照旧又看书又唱歌又游泳，会觉得生活还是美好的。前些年中央电视台为了给我拍一部题为《童年》的片子，专门跑到我小时上学的这个地方拍摄素材。

后来学校得到了一些资助，就办起了图书馆和群众夜校，图书馆里有许多进步书籍，比如《大众哲学》、苏联小说等等。由于学校在乡下，相对而言一切都算平安。1940年前后到1941年，中央赈济委员会派我父亲到山西赈济难民，那时阎锡山盘踞晋西北，共产党在山西也有根据地。在晋西北，我父亲接触到了戎子和，戎子和后来担任新中国财政部副部长。从那时起，我父亲也接触了不少八路军干部。父亲在山西赈灾时与阎锡山没有接触，抗战胜利后阎锡山到重庆时问我父亲还回不回去干，我父亲推说年岁大，不想干了。

1941年，我考取了重庆市合川国立第二中学的公费生，这所中学在嘉陵江边。虽然当时我父亲担任友仁中学校长，但工资不多，家里的用度还是紧巴巴的，我能减轻一分负担就减轻一分，而且我有一个堂哥也在那里上学，还能互相关照。9月开学我便开始上课了。

从友仁中学到国立第二中学是个分水岭。在友仁中学读书时是在家里吃饭，参加劳动时学校给发些补贴，抗战逃难嘛，条件比较艰苦；在国立第二中学读书完全是公费，生活上不用太操心。

国立第二中学是江苏扬州中学搬过去成立的，教员是一流的，教学质量很高，规模很大，设有初中部、高中部、水产部、师范部、女子部。到我去读书时，规模已经减小，水产部和师范部都没有了，但还是有上千名学生。这所学校的毕业生后来出了大概六七个院士吧，到现在我们一些校友还保持着联系，经常开校友会，每次开校友会还让我领着大家唱歌呢。

在国立第二中学，我更进一步学习了唱歌，不仅唱抗战歌曲，也开始唱世界名曲了，接触到的歌曲面广了，音乐素养也就提高了。学校里有一支海韵歌咏队，我担任过队长和指挥，一旦学校有演出，我还担任男高音独唱呢，唱《嘉陵江上》之类的歌曲。那所学校使我的眼界开阔多了。

这里还有个小插曲，我不是海韵歌咏队的头吗，1942年4月5日，我们歌咏队要为音乐节出壁报，我那时胆子很大，就给国民政府主席林森写了一封信，请林主席为我们音乐节的壁报题字。林森写了回信，信封上写："李元同学，国民政府林"，题字是："可以兴"，盖了图章。我给陈立夫的信却没有得到回复，他反而要求校长查查这个李元是什么人，有什么图谋。校长就把我叫去了，问我为什么要给陈立夫写信，我说就是想让他为音乐节题个字，人家林主席都题了。校长人很好，也没有再继续为难我，这件事情就过去了。

学校的图书馆也很好，存有商务印书馆出版的整套《万有文库》，《万有文库》里有套书叫作《宇宙壮观》，是著名天文学家陈遵妫①编译的，我一睹为快。这套书分为5本，后来合印成一本精装本，我真的很喜欢。里面有张星图，我从来没见过那么好的星图，于是就在晚上别人睡觉的时候，来到院子里，对着星图认星，几个月下来，把星座全看了一遍，看着看着，慢慢就都认识了。1942年，我拿了个小本，用红印照着星图印在小本上面，一颗星就是一个红点，大星就印大点，小星就印小一点，用笔连起来，都分别注明了是什么星座。1943年，我画星就更熟练了，画的星图也进步了。1986年，我曾把我18岁时画的星图寄给日本专家，他们还刊登到了日本的杂志上。画星图让我如此沉醉，沉醉在茫茫宇宙的美丽与神奇之中，成天想着这些事，我把自己也融化在这些星图里了。

我自己热爱星空，一有机会，也爱教周围的同学、老师和亲戚朋友们认星，慢慢就变成一种科普工作了。我想只有把天文知识通俗化，才能让大家都能领略星空的趣味。我给周围的人讲星座的形成故事，讲古希腊的星座神话故事，大家对故事都很感兴趣，而且对星座记得更清楚。因为我从小就讲习惯了，所以各个星座的中文名字、拉丁名字等，我都能脱口而出，星座的拉丁名和读法都是重庆合川天主教堂里的德国人教我的。我教别人认星不是为了炫耀自己的知识，而是觉得认星不但有趣，也很有意义，是科学知识，所以我乐于向别人宣传普及。

---

① 陈遵妫（1901—1991），中国现代天文事业的奠基人之一，对建立紫金山天文台、北京天文馆等天文机构有重要的贡献。曾任紫金山天文台研究员、北京天文馆馆长等职，也曾主持过中国天文学会的会务。他还是中国天文界著译图书最多的天文学家之一，在天文学普及方面有广泛影响。他在晚年一目失明时，独自奋战终于完成和出版了四卷本巨著《中国天文学史》。

18岁的中国天文学会永久会员

访：我从您对少年时期的家庭影响和个人爱好的描述中，知道了它们与您后来能够从事天文科普工作密切相关。如果不参加社会上的天文活动，不接触天文学家，可能也无法真正进入天文学这个领域吧？

李：那时候社会上的天文活动，一般都与天文学会有关。中国天文学会是1922年10月在北京中央观象台成立的，挂靠紫金山天文台，它是由著名天文学家高鲁①发起成立的，以谋求天文学的进步和普及为宗旨，在推动天文学的普及方面做了大量的工作。1930年，中国天文学会创办《宇宙》杂志，一直出版到1949年，共出版20卷，刊登500多篇文章，不少是科普作品。天文学会还经常举办科普讲座。

这里要说说高鲁和天文研究所。1928年，国立中央研究院成立了下属机构天文研究所，由高鲁担任第一任所长，首要任务就是在南京紫金山上建立天文台。不久，高鲁被派往法国任中国驻法公使。后来经高鲁推荐，由著名天文学家余青松②任第二任所长，紫金山天文台就是由他亲自设计创建起来的，于1934年落成。抗日战争时期，因为形势所迫，1937

---

① 高鲁（1877—1947），福建长乐人。天文学家。1905年赴比利时布鲁塞尔大学留学，获工学博士学位。1909年参加同盟会。民国初年任中央观象台首任台长。1928年任中央研究院天文研究所所长。后曾任驻法国公使、监察院监察委员、闽浙监察使等职。1922年发起成立中国天文学会，任该会会长和总秘书。著有《图解天文学》《日晷通论》《星象统笺》等。

② 余青松（1897—1978），福建厦门人。天体物理学家。1921年获美国里海大学土木建筑系学士学位。1923年获匹兹堡大学硕士学位。1925年获哲学博士学位。1927年，任厦门大学天文系主任。1929年7月任中央研究院天文研究所所长。美国哈佛-史密松天体物理天文台的邵正元把他在该台发现的第3797号小行星命名为"余青松星"。

年，天文研究所西迁，从南京迁到昆明。之所以选址昆明，是因为那里气候宜人，常年晴朗，实在是天文台比较理想的台址。1939年，余青松组织人力，在昆明东郊的小山冈上建起一座小天文台，定名为凤凰山天文台，用仅有的两台比较小的仪器继续观测。这个天文台虽小，但已经为后来宏伟的云南天文台奠定了基础。

1941年4月9日，重庆《大公报》发表了高鲁的长篇文章《从星月会谈今年的日全食》，谈及1941年9月21日将有日全食现象，全食带从西北到东南跨越八九个省区，长达数千公里。我当时并不认识高鲁，但是看了他的文章后觉得很有意思，"星月会"三个字很有诗意。

后来，我了解到，在高鲁等人的倡导下，1941年天文研究所就有一支观测队赴甘肃临洮观测日全食。观测日食的路线，是从昆明到甘肃，而经过研究得出结论，甘肃临洮又是最适合观测的地点。从昆明到甘肃长路漫漫，有400公里路非常难走，天文研究所开了辆大卡车，载着仪器设备，由天文研究所第三任所长张钰哲带队，参加人员有李珩①、陈遵妫、龚树模、魏学仁、李国鼎等。张钰哲坐在副驾驶座上引路，少数年轻队员则坐在遮盖仪器的油布上，一路上时不时还有日本飞机的轰炸。就这样，日食观测队历尽艰险，终于圆满完成了中国历史上在中国境内的第一次日全食的科学观测，拍摄了日全食的黑白照片以及当时少有的日全食彩色影片。张钰哲除了在国内报刊上详细报道日全食观测成功外，还用英文写了《在日本轰炸机阴影下的中国日食观测》，在美国著名的天文学杂志《大众天文学》（*Popular Astronomy*，1942年第3期）上发表，向全世界宣传

---

① 李珩（1898—1989），字晓舫。四川成都人。天体物理学家。1933年获法国科学博士学位。历任山东大学教授、青岛观象台研究员、华西大学和四川大学教授、中央研究院天文研究所研究员，1962年出任中国科学院上海天文台台长。著有《造父变星的统计研究》《红巨星的模型》《天文简说》《人造卫星》等，主译《大众天文学》。

了我国科研工作者在艰苦的战争岁月中所取得的科学成就,并且用这种方式控诉了日本的侵华罪行。

观测日食是一种非常好的天文普及活动,当时老百姓都在观测地点围观,观测人员把计时大钟挂出来,验证日食时间和科研工作者预告的完全一致,老百姓就相信科学了。当时我在重庆,可以看到日偏食,这更增添了我对天文学的神往,就多方找书读,读著名天文学家陈遵妫的《宇宙壮观》,看书上的星图。

我以前只是认星、画星图,从 1942 年起,就开始与知名的天文学家通信了。我当时住在重庆市合川市郊,晚上看星十分清楚。1942 年我读高二,觉得高鲁实在是很不简单,就给高鲁写了封信,信中说我有志于天文事业,请赐教。高鲁当时在福建,担任闽浙监察使,他的回信我猜测应是他的秘书代写的。

高鲁在信中说很乐于把我引荐给当时的天文研究所所长张钰哲、天文学家李珩等人。我赶紧给张钰哲写信("文革"时这些信件都丢失了)。张钰哲在回信里告诉我他家住在重庆沙坪坝石门村 3 号,说"你有空可以来坐坐",我心里想,我一个穷学生毛头小子,哪敢去人家大所长家,心生胆怯,没有去。但是我认为这次通信对后来我经他考试进入天文研究所是有影响的。

后来我又开始给陈遵妫写信,当时天文研究所所长是张钰哲,陈遵妫为研究员,他们对我的影响都很大。陈遵妫翻译的《万有科学大系》① 第 1 卷,日文原版(中译本为《宇宙壮观》)我也有收藏,是在北京灯市口旧书店买的。这部书对中国天文学的发展产生了一定影响,商务印书馆把它翻译出来,作为"自然科学小丛书"启发民智。因为王云五很重视

---

① [日]山本一清:《万有科学大系(第 1 卷)·天体之宇宙》,1931 年。

《万有科学大系》，他选译了上百册，纳入"自然科学小丛书"，其中就有天文方面的，陈遵妫把它翻译成5册，这是为了与整套书一致。那时，王云五是商务印书馆的总编，《万有文库》就是他创办的。《万有文库》每一辑都有1 000本，包罗万象。第二辑中就有陈遵妫编译的《宇宙壮观》，我觉得他编译得特别好，激发起我对宇宙的无限热爱，里面还登了紫金山天文台的好多照片，后来我还真去了紫金山天文台工作，所以现在我把它当作珍品收藏。我在给陈遵妫的信中，说他编了这么多好书，我非常崇拜他，我们的通信就这样开始了。陈遵妫给我的回信里有："兄虽然常以稀饭度日，但依然精神百倍。"我很佩服他乐观的精神。陈遵妫编的《天文年历》也是我当时在翻阅的书，《天文年历》每年出一本，上面全都是数字，密密麻麻的，我觉得好深奥，更加佩服他，觉得这人可真了不起，后来才知道这些数据都是根据美国的资料编译出版的，都是美国人计算出来的。可是在陈遵妫的推动下，1966年开始独立推算《中国天文年历》，从1969年起每年出版一册，再也不靠外国的资料了。

重庆中央图书馆是我常去的地方，特别爱看张钰哲和陈遵妫的书。陈遵妫还研究中国天文学史，著名英国学者李约瑟写的书还引用了他的材料。后来他年老失明，还编著了四卷本《中国天文学史》[①]，他很有毅力，不怕吃苦，踏实肯干，让我崇敬不已。1943年，陈遵妫在商务印书馆的《东方杂志》（月刊）每月发表一篇星座神话，我就每月买一本，追着看这些星座神话故事。这些星座神话都是从日文编译过来的，以文言文呈现，因"人们对星座很感兴趣，星座神话也是很有趣的，近些年有很多人问我星座神话故事，故作此篇"。《东方杂志》的内容以时政和文史为主，

---

① 陈遵妫著：《中国天文学史》（全四册）。上海：上海人民出版社，1980—1989年，第1版（2006年7月第2版改为上、中、下三册）。

有时也登载一些科学知识,抗战前该刊经常登有一些很漂亮的反映时事的照片。我觉得真好,在我对看星兴趣萌发之时,他就来这么一些连载文章,很对我的胃口。我愈发沉迷到星图里去了,特别爱画星图。

前辈们看我这么喜欢看星,喜欢天文,还与著名天文学家通信,就在1943年接收我为中国天文学会永久会员,那年我18岁。介绍我入会的是陈遵妫和李珩。

我对中国天文学会很有感情,1947至1949年我参加了《宇宙》[①]杂志的编辑出版工作,这本杂志就挂靠在天文研究所。新中国成立后,我在北京从事天文工作,参加编写过三本纪念文集《中国天文学在前进》[②],是中英文对照本,每本大概200多页,反映了中国天文学发展的大概情况。这本文集每十年出一次,第一次出版是在1982年,第二次是1992年,第三次是2002年,我都担任编委。由王绶琯主编,1992年版还有专门配套的录像带(中英文双语),录像带主要是记录各个地方天文机构的建设情况、人员构成、日常工作等,出版录像带的目的是让读者可以亲眼看见天文机构的情况,知道天文机构在做什么事情。为了编写这套书,我们到国内各个天文台和大学的天文学系访问,也因此结识了不少人。这套文集用中英文双语编写的目的就是为了向国外推介,使他们也了解中国的天文事业,事实证明,这样的方式在国际交往中是很有作用的。

访:除了通信之外,您还直接接触过哪些天文学家?

李:我第一个真正见面的天文学家就是李珩,他成为我的恩师。1944年2月,我刚好有一个机会去成都,在那儿和李珩见了面。事情是这样

---

① 《宇宙》为高鲁创办。1913年为《气象月刊》,主要普及气象学和天文学知识,1915年此刊改为《观象丛报》,1930年更名为《宇宙》。

② 中国天文学会编:《中国天文学在前进》。发行地:南京,1982年。

的，我有个堂哥，在重庆的兵工学校读书，学化学。有一次，他告诉我，有一趟拉军火的卡车要往成都去，他说咱俩就坐这趟车去成都看看。我姐姐和姐夫住在成都，刚巧我得知李珩当时也在成都，我读过他的文章，也经过陈遵妫的推荐，给李珩写过信，知道他在法国留过学，是理学博士，他夫人是法国文学博士。他当时是华西大学理学院院长，教天文学和科学概论，于是我动了去成都的念头。我们坐的车运载的全是军火，一旦爆炸，那就完蛋了，我们那时胆子也大，根本没考虑安全问题，就扒在那个车的后头，一路到了成都。到了成都后，因为我和姐姐一家已经好多年没见了，就先去看望姐姐和姐夫，并且告诉他们我想去和李珩见面。姐夫是武汉大学物理系毕业的，当时在成都做中学物理教员，很受欢迎。姐夫说，李珩那么有名的人物，我都没接触过，你倒是联系上了。后来我在华西大学见到了李珩。

见面的地方叫作华西坝。华西大学是过去教会办的学校，和燕京大学是姊妹学校，学校风景优美，建筑也是宫殿式的，李珩家就在一座钟楼处。我当时就像踏上了朝圣之旅，特别激动，特别神圣，特别虔诚。我穿上自己最好的衣服，藏青色，像毛料，那是用美国总统罗斯福在抗战时援助给中国的一批叫作"罗斯福布"的布料做成的，中国所有国立中学的学生一人一套，穿上非常精神、非常漂亮。我到了他家一敲门，他就迎出来了，我看到他眼睛里焕发的神采，那么睿智，让我激动不已。他抱来好多书让我看，并让我带回去，看完了再给他送回来，我看到了天文学会的许多机关刊物，我的眼界又一次大大开阔了。他把自己画的星图送给我，还送了我一些书。

李珩推荐我买陈遵妫编的《恒星图表》①，他说这是当时最好的书了。

---

① 陈遵妫：《恒星图表》。上海：商务印书馆，1937年。

我在重庆根本买不到这书，在成都倒是真见着了，旧书店里有一本，我一翻，发现比我能看到的星图的确高明许多，顿时心花怒放，十分想要。但是当时没钱啊，书价又贵，我一个穷学生哪里负担得起，我找到我姐，说这本书对我实在太重要了，无论如何得买下，虽然我也很不好意思开这口。多亏我姐帮我买了，姐夫还写了一段话送我："处此乱世，人们都不崇尚自然科学了，重在名利，吾弟能够热爱理科，实属难得。"我拿到了书，看到了姐夫这番鼓励的话语，真是太高兴了，赶快照着书上的内容补充自己的星图。后来我发现还是有些星没有星名，星图还不够完备，但在当时，那本书就是中国最好的星图了，而且在抗战的后方，物资紧缺，这类书更是如此。

由于不满足，我又想找国外的书来看，就给昆明天文研究所写信，说我需要更好的星图，天文研究所助理研究员龚树模，后来担任了紫金山天文台副台长，写信给我，问我需要哪本外国星图，并推荐了一本《诺顿星图》(*Norton's Star Atlas*)，它是世界公认的适合一般公众使用的最好的星图。1945年时，我帮女友家搬家，从乡下搬到重庆市。她母亲对我说："谢谢你帮忙搬家，你需要什么，我们送你吧，表示感谢。"我说别的都不要，就想买一本《诺顿星图》。我女友的大哥当时在美国麻省理工学院读博士，就在美国给我买了托人带回来，我在书上标注的时间是"1947年3月"，距今已有60多年的历史了。

这本星图真的特别好，我拿到后，就用它看星认星，那时候国内没有什么特别好的星图，天文爱好者们又很喜欢看星，他们就拿我这本星图拍照，做成小星图，由我在图上标记注明，方便天文爱好者们认星。后来，我觉得这本星图必须普及，就和我的恩师李珩先生合作翻译了这本星图，1984年由科学出版社出版。台湾还和我联系想出版这本星图，我说我

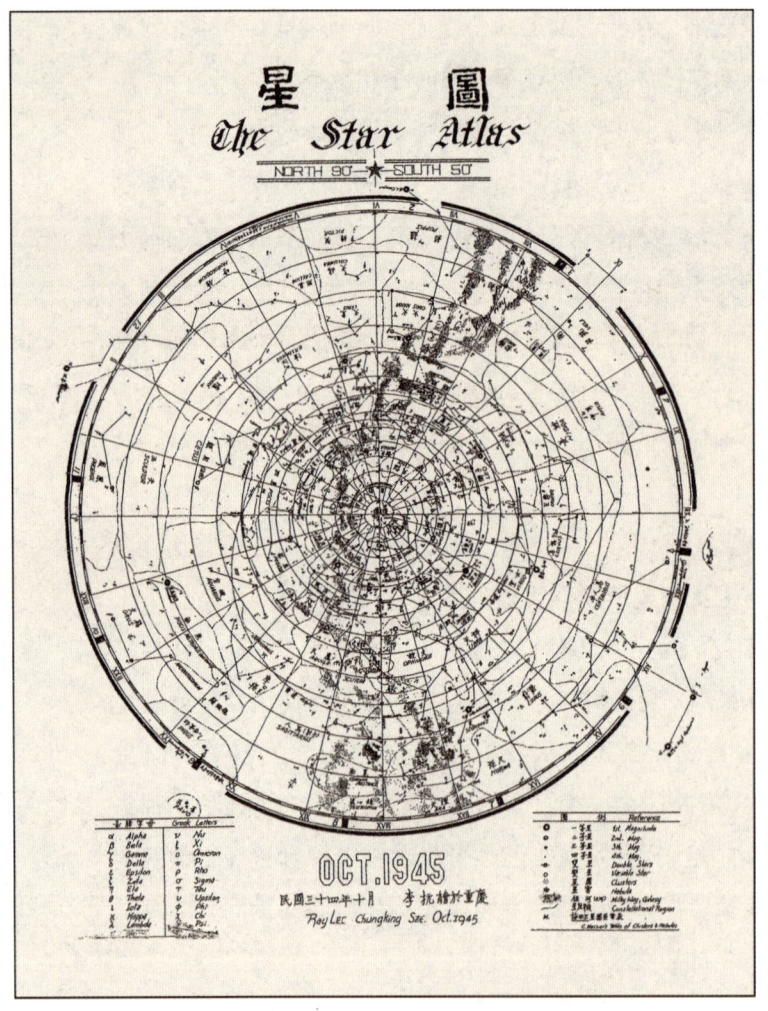

李元为庆祝抗日战争胜利而作的星图（原图直径为35厘米），得到了天文学家陈遵妫的赏识。《大自然探索》2005年8月号曾刊出此图

给你们再好好编一下，出版新的。经过我重新修订后，1995年这本星图在台湾出版，印制很好，据说台湾天文界送人的礼品就是我修订过的星图。前几年，人民大学出版社想再次出版这本星图，我说不行，这星图还有些毛病，我还要再修订一下，修订好了再谈，再出版更新版的。2004年出版的新版本收藏在国家图书馆，近来正组译这本星图名著。新版在2010年由湖南科技出版社出版。我在北京天文馆还编译出版了两本大星图，全国天文爱好者都在使用那些星图。我是出于国家和社会的需要出版这些图书的。

李珩当年参加编印的两本杂志，一本是《宇宙》，一本是中国物理学会《物理学报》。他是四川人，成都是他的故乡，他在当地的人际关系多，不像逃难的人那样无依无靠，所以比较有办法。陈遵妫的杂志办不下去时，李珩提供支持，帮忙印刷、出版，把杂志继续办下去。得益于他帮忙的不只是这个，他去世后，中国物理学会还专门前来吊唁，说他支持《物理学报》，贡献很大。1944年2月，我高三临近毕业，和李珩、陈遵妫的来往就中断了。

在我接触的天文学家中，张钰哲不像李珩等人那样谈笑风生，他性格拘谨，但是对我很热情。后来，南京大学天文系系主任戴文赛[①]对我的影响也很大。总的来说，我第一个直接接触到的天文学家是李珩，其次是陈遵妫、戴文赛、张钰哲。

由于我迷恋天文和认星座达到了废寝忘食的程度，以致影响了其他功

[①] 戴文赛（1911—1979），福建龙溪（今龙海）人。天文学家。1937年留学英国剑桥大学，1940年获博士学位。曾任中央研究院天文研究所研究员和燕京大学、北京大学、南京大学教授。长期从事教学工作，同时还从事天体物理与天体演化研究和科学普及工作。著有《恒星天文学》《天体的演化》《太阳系演化学》等。

课的成绩，我没有考上大学。后来我在紫金山天文台工作多年，那里就相当于是我的大学了，我走的是一条自学发展的路。

我觉得自己很幸福，因为我对我的工作很感兴趣，而且我的兴趣符合社会的需求，我已经离休20年了，但是我还是闲不下来，我的兴趣一直这样保持着。

　　沉迷于天文和认星座的结果就是没有考上大学。但他的知识准备和机遇使他跨入了紫金山天文台的大门。在这一期间，他得益于著名天文科学家张钰哲、李珩、陈遵妫、戴文赛等人的教诲和帮助，开始了天文学学习和天文科普活动。

第2章

我的大学：紫金山天文台

图书管理员　绘图员　观测员

访：您走的是一条自学成才的道路，这条路不容易。能够到紫金山天文台工作则更是不易，即使是学天文专业的，也不一定有这个机会。您是怎么去的呢？

李：1946年底，我20岁时，我哥哥在国民政府印钞票的中央印制厂工作，他是重庆大学学化工的，研究油墨技术，抗战胜利后，我哥哥作为第一批飞到上海的员工，去印制钞票。我那时星图画得不错，就把画好的星图原件寄给哥哥，让他帮忙晒印出来。那时没有电灯，一到晚上我便就着一盏小油灯的光画星图。我把精心绘制的6大张全天星图寄给了陈遵妫，他看过后觉得我有培养前途。

天文研究所从昆明搬回南京紫金山以后，那是1946年夏天，时任天文研究所所长的张钰哲去美国考察了，陈遵妫任天文研究所代理所长，他

这是抗战胜利后,紫金山天文台大致恢复原状后的第一张全景照(物理学家高叔哿1947年摄)。远处大圆顶内的60厘米反射望远镜尚未修复;它旁边的小圆顶内原有的一架变星摄影仪抗战时迁往昆明;左边的圆顶室内1947年修复的20厘米折射望远镜恢复观测工作

也是中国天文学会秘书长。陈遵妫负责把天文研究所从昆明搬回南京。在搬家之前,张钰哲曾提前从昆明飞到重庆又飞到南京,看到紫金山天文台野草丛生,弹痕累累,一片荒凉破败的景象。

那时国家政策是党政机关、实业工厂等先搬,文化机构后搬,搬家必须要有船有车有飞机,张钰哲不在国内,搬家跑腿的事情大多是陈遵妫操办的。当时望远镜的大镜头都在昆明,是运回南京后再组装起来的。大概是1946年10月,天文研究所从昆明搬回了南京,大家开始整理紫金山天文台。那时有些人还在,有些人已经走了,比如,戴文赛到燕京大学教书去了；张钰哲在美国芝加哥大学叶凯士天文台①工作和考察。因为当时刚经历了八年抗战，国内不大清楚国外相关研究是什么状况，就派他出国考察。所以，那时真正回到南京紫金山天文台工作的人并不多，也还谈不上做研究，以修建、整理、恢复为主要工作。

1947年2月，陈遵妫给我来信，说他们已经和中央研究院说好，让我去天文研究所工作，担任图书管理员。我那时正在友仁中学教书，看到信后心花怒放，能到中国最好的天文机构工作，能不高兴吗！李珩曾经从四川写信给陈遵妫，说李元这样的人，天文研究所应该用。但在当时我并不知道是李珩帮助了我，后来才知道正是他的推荐起了很大的作用。从那时起，我就成了天文研究所的工作人员。

到了天文研究所，我见到了陈遵妫，与李珩相比，尽管他的外表显得比较粗放，但是文章写得十分细致。我那时特别崇拜陈遵妫，把他当作十分敬重的父辈一样看待。

1950年李元在紫金山天文台留影

我还要说一件陈遵妫帮助我的事情，那是1946年初，我托人把我家存放在太原教堂里的那架蔡司望远镜取回并给我寄过来，当时因为害怕被政府认为是军用望远镜给没收，就让陈遵妫给我写了个证明，证明不是军用望远镜，这样才能安全使用望远镜。

访：去天文研究所的路费是您父亲资助的吗？

李：不是，是天文研究所给我的路费。

---

① 叶凯士天文台（Yerkes Observatory）坐落于美国威斯康星州威廉斯湾，附属芝加哥大学，于1897年由乔治·埃勒里·海耳创立，获当时大企业家查尔斯·叶凯士（Charles T. Yerkes）资助。

他们把信寄到我在四川乡下的家,陈遵妫在信中说:"你速来南京报到,路费给你报销。"到了天文研究所(即南京紫金山天文台)以后,我当了天文研究所绘图员和图书管理员,绘制了几幅图,令天文研究所很满意。我外语略有基础,看到天文台图书馆外文天文书籍那么多,别提多兴奋了,经常翻阅。后来,我有机会了解了天文台的工作及使用天文望远镜,还担任了天文台的观测员。1947年10月我离开天文研究所去上海暨南大学听天文课,又参与了《科学世界》杂志的编辑工作,这是后话。

参加七科学团体联合年会

访:抗战胜利以后,中国的科学界和科普界是不是变得活跃起来?你们的活动也多了吧?

李:抗日战争胜利后,从1947年起,科学与科普活动又多了起来。1947年8月,抗战后第一次多学科联合年会,即七科学团体年会在上海举行,会议开了三四天,参会的团体有中国科学社、中华自然科学社、中国天文学会、中国气象学会等等。因为抗战期间没有多少机会开会,现在联合开会既可以省钱,又可以促进多学科交流,是一件很好的事情。会上宣读了各学科的研究论文,选举了理事,互相交流信息联络感情,还举办了展览。陈遵妫派我把中国天文学会从20世纪20年代至40年代的天文出版物拿去展览,如《宇宙》杂志、天文学会的《会报》等,送到陕西南路中国科学社图书馆。

七科学团体年会主会场设在上海市岳阳路320号的大楼里,那栋楼是日本人用庚子赔款盖的,当时叫上海自然科学研究所,是一栋很漂亮的米黄色大楼。日本战败后，中央研究院的部分研究所就在那栋楼里办公。年会主会场设在大楼的礼堂里，分会场就根据各自情况设置在各处。我以中国天文学会会员资格参加了年会，在会上认识了一些人，如《科学大众》的创办人王天一①；还有李国鼎②，也因为这一面之缘，后来他请我到上海工作。我在会上还认识了竺可桢③，竺可桢当时在大会上发表了主题演讲《科学与世界和平》，这个话题现在仍是影响全人类前途命运的不朽命题。大会开完后，各团体开小会，天文学会和气象学会分在同一组，会议由竺可桢主持，会上除了宣读论文外，还进行了亲切生动的交谈。竺可桢还与我这个年轻人握手相识，后来我们建立了长久的关系。我觉得社会关系需要平日积累，机会需要自己把握，我的不断进步得益于此。

刚才谈到《科学大众》和创办人王天一，我再多说几句。《科学大众》月刊于1946年创刊于上海。据说该刊在1936年曾有过一次创刊经历，当时是周刊，但不久就停刊了，1946年重新创刊。该刊虽然不如《科学》和《科学画报》创刊时间早，名声大，但在阐述科学普及的理念上却很值得研究。《科学大众》创刊人、主编王天一先生在上海创办这个刊物的时候历经艰辛，在"反右"运动中被打成右派，发配到新疆烧了近20年锅炉，后来回到北京，在科普出版社工作，2002年去世。我曾经写

---

① 王天一（1916—2002），江苏泰州人。1939年毕业于上海交通大学。参与创办《科学大众》杂志，曾任中国科普创作协会常务理事并兼任副秘书长和科普报刊专业委员会主任。

② 李国鼎（1910—2001），江苏南京人。1930年毕业于国立中央大学（后更名为南京大学）物理系。曾任武汉大学物理系教授、中央研究院天文研究所技正，并参加防空照测部队及战时钢铁生产工作。1948年至台湾，曾任台湾造船公司总经理、美援会秘书长、经济部长、财政部长等，对台湾经济建设有重大贡献。

③ 竺可桢（1890—1974），浙江绍兴人。气象学家、地理学家和教育家。中央研究院院士（1948），中国科学院院士（1955）。他先后创建了中国大学中的第一个地学系和中央研究院气象研究所；担任了13年浙江大学校长。《竺可桢全集》（20卷）已由上海科技教育出版社陆续出版。

过《忆王天一同志》的文章,纪念这位科普期刊的先驱者。

《科学世界》和"中国青年天文联谊会"

访:您刚提到李国鼎请您去上海编《科学世界》①杂志,能详细谈谈具体情况吗?

李:李国鼎是张钰哲的学生,他和几位著名科学家都是同学,如物理学家钱临照、王竹溪等。李国鼎后来没有从事科研工作,而是当了中央资源委员会中央造船公司筹备处负责人,翁文灏当时是中央资源委员会的头头。

抗日战争胜利后,李国鼎在中央资源委员会工作,并在上海担任《科学世界》杂志主编,杂志的编委会成员多半是中央大学的教授,大多是热心于科普事业的人。

张钰哲和李珩特别熟,早在1941年张钰哲带领天文研究所赴甘肃观测日食时,李珩就参加了,张钰哲请李珩担任天文研究所研究员。李珩也长于科普写作,李国鼎就请李珩写了几篇文章,后来还请他每月写一篇《每月天象》,介绍当月的星空和天象,李珩推荐我来写(当时李珩也在天文所工作),认为我是最合适的人选。我于1947年3月到了紫金山天文台,5月就开始写这些文章,每月出版一期。我看到英国的科普杂志和《泰晤士报》上都有每月星图,这大概是英国的传统吧,我就借鉴他们的经验,结果文章写出来反响还不错。通过这件事锻炼了我科普写作的能

---

①《科学世界》是由中华自然科学社主办的通俗科学刊物,1932年冬创刊于南京,终刊于1951年。

力,算是我科普写作的开端。此外,1947年9月,我还写了一篇万字长文《南京紫金山天文台巡礼》,写得很细。那时紫金山天文台在抗战后刚刚恢复,我根据收集到的历史资料,详细阐述了天文台的历史沿革和设备。李国鼎觉得我写得不错,就抽印了一百份单行本,寄到南京,告诉我说可以送给别人传阅。他很看重我写的文章,认为我可以做科普工作。其实我的这篇万字长文完全是凭自己的兴趣所作,并不是代表天文研究所写作,但是李国鼎很看重,我很感激他。(这也为我后来去编辑《科学世界》埋下了伏笔。)

那时,因为陈遵妫知道我没有上过大学,就对我说:"你去上海暨南大学(今广州暨南大学前身)天文系听课吧。"1947年9月,他把我介绍给暨南大学天文系系主任潘璞,潘璞曾留学法国,名气很大,我慕名而去。我在暨南大学天文系听了一段时间课程。

李国鼎知道我在上海,一天晚上,他驱车来到我的住地,我当时寄宿在虹口公园附近的哥哥家,司机来敲门,说李国鼎请我到他家去一趟,我就被"劫持"到他家去了。到他家后,他说:"我们《科学世界》现在正缺编辑,我觉得你很合适,你来给我编杂志吧。"我一想,我离开天文研究所后没有经济来源,哥哥也不支持我搞天文,平时听听天文系的课,也没有其他事情可做,既然他这么器重我,让我干这个编辑,我觉得可以接受。他接着说:"你想干什么就干什么,反正能给我编杂志就行。"我便答应了,从1947年到1948年,我一直在《科学世界》担任编辑,编辑部就在当时上海市中心区原跑马厅的边上,威海卫路20号。

编辑工作使我接触到杂志的出版流程和编辑方法,我一个初出茅庐的年轻人,抗战时期又待在大后方,各方面信息都很闭塞,现在到了上海的编辑部、印刷厂,做着对于我来说全新的工作,积累了宝贵的科普编辑工作经验。那时《科学世界》编辑部的按语或文章,大多是我起草,经李国鼎修改后发表。同时因为组稿我也认识了许多科学家,出版界还有定期的聚餐会,所以也认识了一些出版界的人。李国鼎对我的工作很满意,每个月给我的工资待遇较高。我当时在上海的生活是:去天文系听听课,编编杂志,闲暇时就去逛旧书店。那时上海旧书店多,我一有机会就去,搜罗了许多好书,特别是外文书刊。现在想想,仍对上海的旧书店、旧书摊回味无穷。

卞德培[①]是我在上海编杂志时结识的朋友。他中学学的是法语,毕业后分配到上海东方汇理银行工作,是一家法资银行。他是天文爱好者,经常给紫金山天文台写信。1947年,我在南京紫金山天文台工作期间,卞德培寄来了自己写的科幻小说《地球的殖民地》,刚好是我收到的,就给他回了信,我们就这样认识了。1948年我在上海见到了卞德培,我俩真是志同道合。我们认为中国天文学会的成员多数是学者、专家,对天文普及工作不够热心,学会活动也很少,不够生动活泼,于是我俩就合计,既然爱好天文学的人这么多,那我们就发起、组织一个会吧,一个以青年为主的天文爱好者团体。

1948年2月,中国第一个业余天文团体"中国青年天文联谊会"在上海成立,参加者都是青年天文爱好者,通过互相介绍入会,成员有在大学天文系就读的学生、科学类杂志的编辑、银行和工厂的职员、社会青年以及海外华侨等数十人。我们成立的目的是:加强联系,共同学习交流,普及天文知识。"中国青年天文联谊会"也就是后来成立的"大众天文社"的前身。

---

① 卞德培(1926—2001),天文科普作家,是中国第一个荣获法国弗拉马利翁奖(2000)的人。北京天文馆创始人之一,曾主编《天文爱好者》杂志。1998年国际天文学联合会小行星命名委员会将第6742号小行星命名为"卞德培星"。

会员卞德培、沈良照①和我都拥有小型望远镜及比较丰富的国内外天文普及书刊，这些成为联谊会活动的资料依据和物质基础。会员们曾对太阳、月亮和行星进行观测，也观测过1948年5月9日的日环食以及变星等，并在报刊上发表了天文普及的文章。会员们还观测过1948年的大彗星，这颗大彗星是由沈良照独立发现的。

1948年秋，清华大学物理系学生沈良照给我发来航空信，说他发现了一颗彗星（1948L号）。当时通讯非常不发达，没有电话，发现了彗星也没有办法快速传递消息，后来我们在《大众天文》期刊上发表了沈良照发现彗星的文章。沈良照家是办工厂的，家境比较好，他总飞来上海，这样就有机会到天文所拜访。后来，我把他介绍给张钰哲，张钰哲就把沈良照吸收进天文研究所，那时沈良照还没有从清华大学物理系毕业。他在物理系读书期间，曾给苏联科学院写信索要天文学资料，苏联方面给他寄来了两本《变星表》，他就边捧着俄文字典边阅读翻译。1950年，张钰哲劝说沈良照回清华大学继续完成学业，这边为他保留职位，毕业后再回这里工作。沈良照的语言能力很强，英、法、德、俄等语言拿起什么就可以干什么。现在他是我国的变星和双星专家，国家天文台主编的外文版天文杂志都请他审校。

正式考入紫金山天文台

访：能到紫金山天文台工作可能是很多天文学家的梦想。您是什么时

---

① 沈良照（1928— ），中国科学院北京天文台研究员。

候正式进入紫金山天文台的？

李：1948年夏天，我父亲到上海来，他认为我最好还是在紫金山天文台工作，这样可以一边工作一边学习，我听从了父亲的话。暑假期间，经张钰哲所长的同意，我在天文研究所的紫金山天文台进行天文实习，得到了他的赏识。他出题要考考我，说如果考取了，我就可以成为天文台的正式成员，结果我考上了，于是便辞去《科学世界》的编辑工作，到南京紫金山天文台工作，后来又做了天文台的业务秘书。我去紫金山天文台纯粹是兴趣使然，对这个天文学圣地非常向往。

我还有一件趣事可以讲讲，以前我也说过，我父亲是日本留学归来的，回来后在阎锡山手下工作过。二战后中国接受日本投降时，徐永昌代表中国在"密苏里"号军舰上签字，那时徐永昌是国民政府军令部部长，他曾是我父亲的上级，所以我对他很熟悉。1947年我第一次去紫金山天文台时，有一天偶然经过小会客厅，看到里面有两个人正坐着聊天，其中一个人正是徐永昌，我给他鞠了一躬，说我是李尚仁的儿子。他知道后便很亲切地与我交谈起来。和他聊天的是铨叙部部长，也是山西省的大官。他说："我觉得这个地方很不错，我们九月登高就来这里好不好？"我把这件事告诉了代理所长陈遵妫，一听中央领导要来参观，他很高兴，因为这样可以给天文台做做宣传。同时他也感到奇怪，我这个小青年怎么认识这些中央级大人物？到了九月，他们果真来了，最高级别的领导是于右任院长（我国著名的草书书法家），陈遵妫对我说："你请于老给我们题几个字吧。"后来，《中央日报》等许多报纸上都刊登了于右任一行在紫金山登高的照片。当时天文台的人哪里知道，其实这都是因为我父亲的老关系。

十科学团体联合年会

访：那时科学家团体很活跃。继上海七科学团体联合年会后，1948年十科学团体联合年会又在南京召开，您应该也参加了吧？

李：我参加了。是在南京召开的，因为抗战刚结束，资金、物资都很紧张，本着节约的原则，各团体决定还是要合在一起开会，资助金来源于中央资源委员会等单位，会议共开了三天。会议内容在中国科学社《科学》杂志和一些科普杂志里都有所反映。主会场设在南京中央大学一个有着大圆顶的大礼堂里，大会发言主要是有关各学科的综述，竺可桢等人发了言[①]；分会场则是各个学会自己开小会。这次会议上我又接触到一些科学界的人士，对我日后的工作很有帮助。

这次年会对于中国天文学会来说是第22届年会，张钰哲当时是天文研究所所长，是天文组的负责人，他的演讲内容是《星空中的尘雾》。张云[②]是中山大学校长、天文学系主任，在天文组小会上大家推选他为天文学会理事长，并且通过了创办《大众天文》期刊的建议，让我负责筹办，张云说希望我把这个杂志办成像美国的《天空和望远镜》那样有名的杂志。

当时上海的科普杂志，一是《科学画报》，一是《科学大众》。《科学

[①] 据竺可桢1948年10月11日日记，竺于当日下午在中央研究院礼堂，作题为《科学与社会》的演讲50分钟，听者约八九十人。见：《竺可桢全集》第11卷。上海：上海科技教育出版社，2006年，第229页。

[②] 张云（1897—1958），广东开平人。天文学家。曾留法获天文学博士学位。1928年回国任中山大学教授、天文系主任、校长等职。次年创建中山大学天文台。主要从事变星研究，于1947年发现了一颗变星。

画报》以翻译国外文章为主;《科学大众》由王天一主编,内容以国人写作为主,王天一立志要办中国人自己的科学杂志。他邀请了中国天文学会、地质学会、气象学会在杂志上办专栏,由各学会自己组稿,他来进行统筹编辑。《科学大众》与中国天文学会协商,决定出版《大众天文》杂志,王天一直接找我谈,1948年底谈好。1949年1月,《大众天文》正式创刊,每期约6页左右,作为《科学大众》的副刊。当时稿源来自广州、上海的研究人员,也有清华、北大的学生,还有社会人士和少数中学生。

《大众天文》杂志从1949年1月号发刊,到1952年12月号停办,共出版了4年,累计213页。它面向广大天文爱好者和群众,文字比较浅显,但是内容非常丰富,主要登载星空观测和宇宙探测方面的新闻报道,激发广大群众对天文学的爱好,引导他们去观测天体。考虑到中国天文学会1930年办的《宇宙》杂志既像科普杂志,又像学术杂志,我们决定把《大众天文》办得更通俗一点。

在上海迎接解放

访:我们的话题可能快聊到上海解放的时候了,在政权更替的时刻可能会有很多变化。当时的科学团体面临的是什么情况呢?

李:1948年淮海战役还未打响时,张钰哲从美国(他1946年夏至1948年春在美国)回国。据说回来时中央研究院不给他回程路费。那年的5月9日有一次日环食现象,在浙江和上海都能观测到,我还在上海的《大公报》上发表了介绍日食的文章《五九上海看日食》。当时美国国家地理学会组织了一个观测队前来观测日环食,张钰哲抓住这个时机,参加了日食观测队,穿上美国国家地理学会的军装制服,才算辗转回来了。事实上5月9日那天阴雨绵绵,观测无法进行。

张钰哲回到紫金山天文台后,继续担任所长。那时我在上海帮李国鼎编《科学世界》,还为日环食出了专刊,这期专刊的主编我署的是李晓舫的名字。其实当时我没机会见到他,只是听说他回来了。

后来,我们请张钰哲给《大众天文》写文章,张钰哲翻译了美国一本通俗科普书中的一章,题目是"天文台工作之今昔"。文中说美国的大天文台很多,但是在办台之初也存在许多困难,在天文台工作很艰苦,还提到诸如大雪天天文台仪器齿轮摇不动等细节,其实就是通过这篇文章影射他自身的状况。因为那时虽然他到紫金山当天文研究所所长,但是天文台在八年抗战中基本算是被日本人毁坏了,什么事情都干不成;战争期间,迫于局势,人们辗转逃难,他作为所长,空有抱负,一事无成,所以他是在借这本书的内容反映自己所处的环境。

1948年11月,淮海战役已经打响。国民党政府作鸟兽散,当时中央研究院大本营在南京,国民政府在南京召开了应变委员会会议。按应变委员会指示,要许多所都往台湾搬,各所纷纷研究搬家事宜。应变委员会开会内幕我不清楚,最后的结果是,比较方便搬家的数学所搬走了,还有傅斯年把历史语言所搬到台湾去了。但是像天文台这样有大型仪器的机构则很不好搬,而且我们天文研究所的所有员工都不想去台湾,于是就商量从南京搬到上海。这一次的搬迁和抗战时的西迁大不一样,我们是想在上海拖着不去台湾,应对之策是"先往上海搬,到了上海再商量去台湾的事宜"。我们经过商议,决定所有仪器只将其贵重部分拆卸装箱,其余封好后置于子午仪室的地下室内,重要图书也要装箱,于1949年初运往上海,暂作应付。

我负责押车，从南京运到上海，走了一天一夜。到了上海，又用卡车拉到工学研究所的大仓库存下。工学所所长周仁（1892—1973）是当时的组织者之一，有这些元老的筹措运作，我们就在上海待了下来。我们在中央研究院上海一座大楼（此楼是接管日本上海自然科学研究所的楼）里办公，植物研究所借给我们一间办公室，我和罗定江（他从金陵大学毕业后在紫金山天文台担任助理员）就在那编《大众天文》杂志。我们的住处安排在附近一栋小楼的楼下，楼上住着钱临照。竺可桢这时候也在上海，蒋经国请他去台湾，他没同意，就在我们办公大楼里一间很好的接待室里住着，也不参与任何外界活动，深居简出。我是在那个时候和他熟悉起来的，中午经常和他一起吃饭，能有这么好的机会接触到他，很难得。竺可桢的知识非常丰富，对天文学也有很深造诣。

在上海时，天文研究所的成员有张钰哲、陈遵妫、陈彪、罗定江和我等，1949年4月，陈遵妫和陈彪先回南京了。陈遵妫的姐姐是老革命干部，老早就给他打过招呼，让他回南京去，他就在南京迎接解放。

天文研究所在上海的办公室离徐家汇很近。上海徐家汇和佘山的天文台是中国最早的现代化天文台，是法国教会办的，那里主要用来研究地磁学、地震学和天文学，徐家汇天文台主管气象和时间工作，和佘山是一个系统。1949年春天，大概是三四月份，我向张钰哲、罗定江提议，我们与徐家汇天文台、佘山天文台的工作人员都是同行，应该去那儿看看，跟那些外国神父聊聊，了解了解情况。神父卜尔格是徐台主管，我们的礼节性拜访受到了很好的接待。4月的一天，我和卞德培来到佘山天文台，卞德培会法语，交流起来比较方便。那时到佘山还没有直达公交车，转乘又很麻烦，我俩不得不留宿一晚，却得到了用那里的望远镜夜观星空的机会，星空美极了，银河也特别亮。

1949年5月，上海解放，5月17号我们那个区（徐汇区）解放了，27号前后整个上海解放，我们听见江湾那里的炮都打响了。有一天晚上，还听到江南制造厂一声巨响，那是国民党特务在搞破坏活动。

解放没几天，上海市市长陈毅就到上海中央研究院大楼演讲，那是我第一次见到陈毅。后来我们进入解放初期的学习阶段，了解国家和政府的政策。我们这时也在准备回到南京去，因为我们原本就是从南京过来的嘛。新中国成立后，到北京的路也通了，竺可桢就到北京参加全国第一届科学代表大会①，我们仍留在上海，等上级通知下一步怎么走。同年9月15日，张钰哲、我、罗定江等返回南京，这样，我们三个人是在上海迎接解放的，陈遵妫和陈彪是在南京迎接解放的。回到南京后，我们开始整理紫金山天文台的图书和仪器。1949年10月1日，五星红旗在紫金山天文台升起。那时，天文研究所归属中国科学院领导。1950年5月原天文研究所正式改称中国科学院紫金山天文台，任命张钰哲为台长，紫金山天文台逐步扩大了机构，增加了人员，成为新中国天文事业的研究中心。

1950年12月，紫金山天文台和地球物理所派出人员参加接管徐家汇观象台和佘山观象台的工作，并与云南大学共同管理昆明凤凰山天文台。1952年，中国科学院任命孙克定②为紫金山天文台副台长。同年，紫金山天文台与新建立的南京大学天文学系协作，开展教学研究，培养人才。

---

① 指1949年7月在北平召开的"中华全国自然科学工作者代表大会筹备会议"，简称"科代筹"。

② 孙克定（1909—2007），江苏无锡人。数学家。交通大学肄业。曾任新四军第三师军工研究室主任、第三野战军特种纵队炮兵学校教授、山东大学数理系主任。新中国成立后，历任中国科学院紫金山天文台副台长、数学研究所研究员。编著有《军工干部速成数学》《炮兵数学讲义》《高精度三角函数算图》《高精度四位算尺》等。

大众天文社

访：您曾提到过"中国青年天文联谊会"是"大众天文社"的前身，它是什么时候成立的，有些什么活动？

李：1949年12月，中国天文学会在南京召开了中国天文学会第23届年会，主要议程是选举理事，宣读论文，参会人员主要是南京、上海天文学界人员，我被选举为理事。我和卞德培主办的"中国青年天文联谊会"在会上被更名为"大众天文社"，由我和罗定江在南京组织建立，总社设立在南京紫金山天文台。我被选举为大众天文社总干事兼《大众天文》总编辑，主持天文社的天文活动、主编杂志、吸收天文社会员。我们的很多会员后来在各个科研单位都是骨干分子。1952年，我们在北京成立了北京分社，由杨海寿担任分社社长，郭正谊任分社秘书。

大众天文社的活动前后大约有5年，共有社员100多人。我国著名天文学家陈遵妫、戴文赛等都曾是社员。在大众天文社的配合下，1949年新中国成立后，紫金山天文台开始向社会公众开放，1950年，科普活动就已经开展得热热闹闹。1950年5月，张钰哲被正式任命为紫金山天文台台长，他是从美国留学回来的，在美国，天文台就采用了向公众开放的做法，所以他很支持天文台对公众开放。在工作实践中，我得到了锻炼，后来被正式安排到紫金山天文台天文普及组任组长。

大众天文社成立后，我们进行了大量的科普工作，主要有编辑出版工作、参观紫金山天文台、观测活动、天文影片的编译放映、天文展览、天文普及演讲和广播等等，此外，我们也有一些国际交流活动。

大众天文社简章

一、本社定名为"中国天文学会大众天文社",简称"大众天文社"。

二、本社根据中国天文学会章程第18条设立。

三、本社以通俗天文的普及和互助学习为宗旨。

四、本社举办工作如下:

1. 联合业余天文工作者,共同学习和开展普及工作。
2. 出版《大众天文》月刊。
3. 编译通俗天文图书,发行天文图片。
4. 答复有关通俗天文知识之咨询,并协助解决学习上的困难。
5. 代社员订购天文杂志图书。
6. 举办有关天文的通俗演讲和广播。
7. 促进加强国内外科学团体的天文普及工作的合作。
8. 其他有关通俗天文普及的工作。

五、本社社员不限中国天文学会会员,凡对天文有兴趣者均可参加。

入社须知

一、凡对天文有兴趣者皆可参加。

二、入社须填写入社表(函索即寄)。

三、社员应按照规定缴纳社费,在学社员可折半交纳,邮票通用。

四、社员入社交费后,即可按期接受《大众天文》月刊单行本,以及其他有关出版物的赠阅。

五、凡本社举办之各种事业,社员应有协助之义务及享受之权利。

我先谈谈我们的编辑出版工作。《大众天文》是我们的社刊，定期报道每月星座，指导天象观测，对特殊天象，比如日食、月食、月掩星等作详细讲解、宣传。也发表了国内外的宇宙新闻、天文消息，还刊登书评，报道各种天文普及活动，发表一系列优秀的天文科普文章。张钰哲、陈遵妫都给刊物写过稿件。

此外，我们精选了国内外100多种重要的天文照片，把它们都复制下来，广泛提供给需要的人，受到了大众的好评，此外我们还提供过一套全天星图。

社员们还根据1948年《科学大众》上的"天文讲话"校订改写成一本约20万字的《大众天文学》，插图百余幅，由张钰哲台长作序，后来因为当时的民本出版公司的机构变动，版都已经排好了，但是没有能够出版。

我再谈谈我们组织的紫金山天文台参观活动。为了普及天文学知识，南京紫金山天文台在大众天文社的配合下建立了开放制度，即每周六下午到周日对广大公众开放。白天主要是用20厘米折射望远镜观测太阳黑子，参观紫金山天文台建筑和著名的古代天文仪器。如果遇到晴朗的夜晚还可用这架望远镜观测月球、行星、星团和星云等等。南京市的大、中小学生和一般民众很多都来紫金山天文台参观，这里成为当时我国天文普及最活跃的地方。

我们有位名叫叶祥发的社员，他对天文爱好者和天文专家之间的关系有过一段很好的评论。在1951年第4期的《旅行杂志》上他发表了《参观南京紫金山天文台》，他在文章里说："一座天文台，正需要很多的业余天文爱好者帮它工作。因为天文台的工作，只能集中在少数几个天体上，而那新天体的发现，变星流星的观测，其初步试探的工作，常是业余天文家观测的范围。由于业余天文家是以兴趣为出发点，天空中每个角落都可成为他们窥探的园地，这样当然会有许多天文台无暇观测的事物，被小口径的望远镜所发现了。"这一段话很好地说明了天文普及工作和业余天文爱好者的需要，这些也正是大众天文社设立的目的和它所举办的事业与开展各项活动的依据。所以，大众天文社在我国天文事业中的确起到了一定的历史作用。

我们还组织了群众性的观测活动。群众性的观测活动是天文大众化的最好形式，既可以欣赏星空美景，又可以破除迷信。我们组织过很多次天文观测活动。1950年到1951年，我们曾计划在上海建立一个"大众天文台"，仪器都借到了，但是因为缺乏场地而没法办成。

1951年7月8日，有一次月掩金星的罕见天象，在我国能看见，一个叫刘宝琳的社员计算出我国几个大城市的见食情况并且公布了出来，还组织了观测活动，非常成功。后来，刘宝琳成为我国著名的历法、天象计算专家。

访：你们组织天文影片放映活动时，放映过哪些片子？

李：1950年4月28日，大众天文社和金陵大学合作，在金陵大学会堂里放映科普片，放的是英国的《昼夜四季》《经度和纬度》，是英国文化委员会借给我们的，都是16毫米的片子。我国天文工作者也有自己拍的片子，名叫《1941年的日全食》，就是1941年张钰哲带领的观测队在甘肃那次观测时拍的。金陵大学的音影部与天文研究所合作观测日食，当时负责拍片子。我国的这部《1941年的日全食》是全世界第一部日食彩色科普片，片长十几分钟。当时是抗战时期，条件艰苦，片子在抗战大后方没法冲洗，就拿到印度的加尔各答冲洗，冲洗回来一直在金陵大学保存着，没有公开放映过。因为电影院一般都是35毫米的片子，这个是

16毫米的片子，规格不符，没法放。这次把这部片子和英国的片子一并公映，由我负责解说。我们印了许多票，因为人太多，只好分为两场放映，在当时引起了轰动，南京大学许多著名教授都来观看，这是当时我们大众天文社活动的一个亮点。此后，1950年，文化部调我到北京工作一个月，这是新中国成立后我第一次到北京。我随身带了《1941年的日全食》《昼夜四季》《经度和纬度》这几部电影，在北京东四三条文化部礼堂放映，引起了轰动，后来还在清华、北大的天文爱好者活动中放映，再次引起轰动，观众有2 000多人。

20世纪50年代初，我们推动和协助东北电影制片厂翻译苏联彩色科普片《宇宙》，协助上海科学教育电影制片厂摄制了科教片《日食和月食》，还帮助中央人民科学馆摄制了几部天文幻灯片。中文译制片《宇宙》曾在全国上映。

我们大众天文社社员推动、组织的天文展览也不少。比如1951年中秋节时期，在上海举办"月亮展览会"；1952年初秋，在北京北海公园举办"大众天文知识展览"，这个展览非常成功，著名的科学史专家李约瑟参观后题词："中国天文学万岁"；1952年11月，在南京大学举办"苏联天文"展览。

大众天文社社员分别在北京、南京、上海等地进行广泛的天文科普演讲，讲题有《漫谈宇宙》《中秋谈月》《夏夜的星空》《认识宇宙》《认识地球》《别的星球上有生命吗》《飞向月球》等等，并在中央人民广播电台和北京、南京、上海当地的广播电台都进行了广播宣传。

为了我国天文科普事业的发展，我们也和国外有关机构联系，和莫斯科天文馆的联系比较多，这些联系和交流使得我们对国外的天文普及事业有了一些了解，为以后筹建北京天文馆打下了基础。

1951年，全国科普协会在筹备地方分会，我参加了江苏省科普协会筹委会，被选为委员，认识了不少科学界的教授。1952年，全国高等学校院系调整，中央大学校址变成南京工学院，金陵大学在南京的校址成为南京大学，全国的天文院系都调整到南京大学，这样全国唯一的天文学系就设置在南京大学了。

　　北京天文馆的创建是新中国科学设施建设和科普事业的开端和象征。古观象台也逐步焕发了新生。这些设施的创建和恢复工作不仅是那一代科学家和天文科普家们努力的结果，同时也是当时国家领导人、北京市领导关心的结果。

第3章 在北京天文馆

北京天文馆

北京天文馆是新中国成立后我国建设的第一座大型有现代化设备的科普活动专用场馆，落成于1957年9月29日，并于同年10月1日正式对外开放。北京天文馆由两部分组成，即位于北京西直门外的北京天文馆和位于北京建国门内的北京古观象台。其主要宗旨是从事天文学的普及教育，并积极开展有关的学术研究工作。

北京天文馆作为中国第一座大型天文馆，是中国天文普及事业和天文馆事业的一面旗帜，到2007年9月29日，已整整度过了50个春秋。纵观北京天文馆长达半个世纪的发展历程，其在业务与技术、编辑出版与学术研究、人才培养与教育指导（辅导）、国际交往与公众接待等诸多方面，都建立了显著业绩，在世界上享有盛誉，在我国科普场馆的建设中极具典型性和代表性。

北京天文馆的筹建与开幕

访：1957年9月，我国第一座天文馆——北京天文馆建成开幕，几十年来，它接待的观众约2 000万人次，为我国天文科普事业做出了重要的贡献。什么原因促使您创建天文馆？

李：中国要建立自己的天文馆，已经是多年的梦想了。在20世纪30年代，我国就有人在《欧游杂记》等文章中抒写了在德国参观天文馆的感想，渴望我国也能建立天文馆。我记得，最早介绍天文馆的有《宇宙》《科学》《科学画报》等杂志。《科学画报》1935年5月下期里就刊登了一篇侠师写的《普及天文知识的假天》，封面也是假天馆的图解（那时都把天文馆、天象仪叫作假天馆、假天仪）。当时天文界的一些热心人想过，用出售天文纪念邮票或者开设股份有限公司的办法来建立天文馆，但都因为不切实际而没能实现。但是我国天文学家们没有放弃，他们对于这个新鲜事物不断地宣传，不断地介绍。比方说，德国蔡司公司刚刚发明假天仪后不久，张钰哲就到了美国。后来他听说在芝加哥要建立美国第一座假天馆，叫作艾德勒假天馆（Adler Planetarium），张钰哲回国后就写了篇长文叫作《假天》，详细介绍了蔡司假天仪的结构和用途。文章里说，如果为了破除迷信，提高人的文化觉悟，在首都建立一座假天馆，谁能说不好呢。这篇文章先发表在《科学》杂志上，后来，张钰哲在1934年出版的《天文学论丛》一书里就收录了《假天》长文，并附有假天仪和假天馆的10多幅照片。除了张钰哲，陈遵妫在1935年出版的《宇宙壮观》[①] 一书

[①] 陈遵妫：《宇宙壮观》。上海：商务印书馆，1935年。

里也介绍了假天仪，书中有假天馆结构图，有从德国蔡司厂的书本上复制下来的图片。李珩在《科学》1940年第4期里也介绍了当时世界上假天馆的活动概况，这些对于推动我国天文馆事业的发展都产生过积极作用。看了他们的文章，天文馆什么样子，天象仪什么样子，都在我脑子里产生了印象，我感到天文馆事业大有可为，也想在中国建立天文馆。

我在紫金山天文台工作时，从台里的图书资料中得知天文普及的最好设施就是天文馆。新中国成立前夕，我在上海的一个旧书摊上偶然得到了纽约天文馆的参观指南，这本指南使我对于一个完整的现代天文馆有了一些了解，你看多有趣，几百人可以在天文馆里观看人造星空演示，这不正是教人认星的最好方式吗？从那时候开始，就决心在我国建立起自己的天文馆。

访：据资料显示，当时世界上天文馆并不多，在亚洲只有日本的东京和大阪各有一座天文馆，为什么天文馆数量如此有限？

李：这是因为它的设备比较昂贵，20世纪50年代初期，每架天象仪售价要高达15万美元，建筑技术又比较复杂，而且，天文馆的目的是科学普及教育，它的投资高，但是赢利却比较小。就拿我们国家来说，那时刚经历过战争的创伤，经济上还不太具备投资建一个两三百万元人民币天文馆的条件，而且是个有难度的大工程。

那个时候舆论条件也不太成熟，不管是领导，还是群众，对天文馆都不是太了解，所以当时我着手从两方面进行准备工作：一方面，是与国外联系，索取天象仪和天文馆的详细资料；另一方面，就是在国内进行天文馆事业的介绍和宣传，制造舆论。

1949年12月，我在《宇宙》杂志最后一期上发表文章，呼吁中国应当建立自己的天文馆。1950年12月，当时政务院文化部管理全国的科普工作,下设了中央人民政府文化部科学普及局,袁翰青为第一任局长,他办了《科学普及通讯》杂志,我就写了一篇《苏联的天文普及》的文章,讲苏联在工厂里是如何普及天文的,在社会上是如何普及天文的,在天文馆里是怎样普及天文的,还介绍了苏联的天文台的情况。

袁翰青局长当时打算筹建中央人民科学馆,就是现在中国科技馆的前身。北大戴文赛教授告诉他,如果你要搞天文普及,就把李元找来。于是科普局给紫金山天文台写信,"请李元同志到北京来参加人民科学馆的筹备工作",于是我就从南京到北京来工作了一个月。那时,我对袁翰青说了建立天文馆这件事情,他比较有兴趣,并和我一起讨论。后来因为一些原因,人民科学馆没有建成,而在1957年建成了北京天文馆,1958年建成了自然博物馆。

1951年春天,我从美国的天文杂志《天空和望远镜》上看到民主德国蔡司(Carl Zeiss)厂的广告,这是他们在战后第一次广告宣传恢复供应

《蔡司天文馆天象仪》书影(1950年)　　　　　　(1955年第2版)

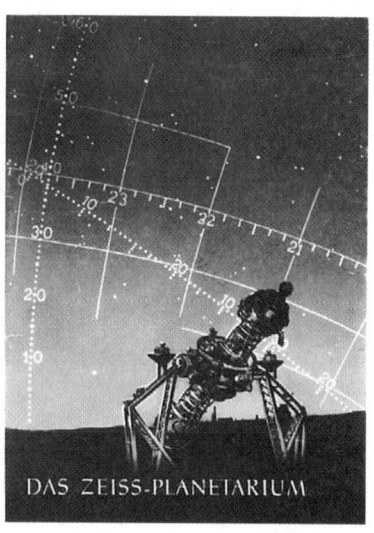

天象仪。抗战前紫金山天文台定购的天文望远镜就是他们的仪器,现在他们恢复生产了,于是就给紫金山天文台发了一包邮件,其中有一本书,叫《蔡司天文馆天象仪》(*DAS ZEISS PLANETARIUM*),还有他们以前的仪器目录,不是最新的。看了有关天文仪器构造的介绍,我觉得天文馆可以办起来,我很兴奋。虽然当时我早就说要建立天文馆,但是并没有得到详细的仪器资料作为建馆的科学技术依据,这回看到德国的仪器,就知道这件事情可以办起来了。早在1923年,德国就开始制造天文馆仪器了,美国也就洛杉矶、芝加哥、纽约有那么几个天文馆,而我们国家一切需从零开始。我当时也没管有什么纪律不纪律的了,就直接给德国蔡司厂发信,蔡司厂的地点在德国的耶拿(Jena),我向他们询问价格,他们回信说15万美元,让我们通过外贸部门的仪器进口公司购买。我那时候懂什么?什么也不懂,就是胆子大,敢和他们联系。联系后,知道了情况,我就心中有数了。那时我和他们的通信往来很多,但后来都在"文革"中丢失了。

他们给我寄来图样等资料,各种规格各种报价非常多,我一一向科学普及局汇报了,也给张钰哲说了。那时候中国科学院负责订购仪器的人是钱临照[①]。钱临照来天文台时,问张钰哲要订购什么仪器,张钰哲就告诉他台里要订购哪些,当时我就在旁边,钱临照说:"你还不找张台长给你订台天象仪?"张钰哲很支持我推动天文馆事业的工作,我写的报告书都是由他拿去给中科院两位副院长的。后来1952年他去北京出差时,我跟他说:"麻烦您把我写的筹建计划书拿给领导们过过目吧。"他就带给吴有训和竺可桢看了,吴有训是张钰哲的直接领导,主管数理化方面,竺可桢

---

① 钱临照(1906—1999),物理学家。中科院院士(1955)。时任中国科学院应用物理研究所研究员,曾多次奉派代院出国采购科学仪器。

主管生物学地学方面，他们对于科普事业非常感兴趣，所以两位领导一看计划书，就赶紧到北京市开会讨论了。如果没有他们的帮助，我是无法把这些文件顺利地呈送给上级，而且得到很好的回应，从而极大地推动了我国的天文馆事业。

现在要把话题转到1951年。1951年夏天，中科院组织部分人员参加全国政协组织的西南土改团，土改团里面有不少名人，比如裴文中、胡风等。到了四川，在李庄参加土改。1951年9月，我在土改时看到《人民日报》登了一篇报道，是当时团中央第一书记冯文彬写的，讲的是中国代表团参加第三届柏林世界青年联欢节的事情，代表团团长是冯文彬，副团长是吴晗。文章里面有一段话很有意思，讲的是"德国蔡司厂送了中国人民一套天文仪器"，我想可能是天象仪。那时，张钰哲也写信到四川，说："你到了北京后把天文馆筹建的事情干起来，看看那架仪器能不能用上。"土改后我到了北京，找到了袁翰青，我说想看那架仪器，袁翰青说你找吴晗吧，他就给吴晗打电话："紫金山天文台的李元找你谈天文馆建设的事情。"我在1951年11月14日找到了吴晗，才知道德国送来的只是个天象仪的小型广告模型，并不能放映星空，这不过是蔡司光学厂向我们做的一种广告宣传，但是他们后来送给苏联的却是真货。后来我想，蔡司厂送这架天象仪模型是和我与他们的联系有关联的。

在北京市政府我见到了吴晗，吴晗说："你愿意搞这个，太好了，你回去后赶紧写份计划报告书，我去上面找彭真同志，找总理谈。"吴晗副市长还热情地介绍了在德国参观天文馆的情况，以及他个人对建立北京天文馆的意见，还把耶拿天文馆送他的天象仪和天文馆的两张照片转送给我，他要我把在北京建立天文馆的工作开展起来，准备资料和写出计划，并说上面的事情由他去推动。我非常高兴，回去后就赶紧给张钰哲台长汇报说,现在还办不了天文馆,因为我们看到的不是真货,只是个小模型,我们还要继续做筹建工作。我1952年就写好了报告,做好了北京天文馆筹建计划书,题目是"关于建立北京假天馆的计划书",有数十页,并附有照片。1952年7月,由天文台台长张钰哲到北京开会时亲自送到了科学院两位副院长——竺可桢和吴有训手里,不久后,吴有训就亲笔给我写了回信,大意是说,他们已经把建馆计划送到北京市委,领导反映很好。

在接到吴有训前院长的信之后不久,我又收到吴晗副市长的亲笔信,告诉我那份建设计划和信他都收到,他说他个人是极力支持在北京应该建一个假天馆,已经把有关材料送给有关领导层研究,希望最近就能办到。

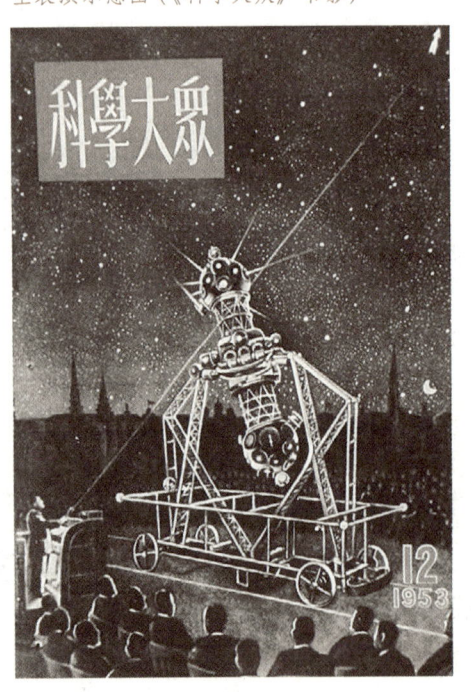

莫斯科假天馆用蔡司天象仪进行星空表演示意图(《科学大众》书影)

建国初期我能找到的天文馆资料都是美国的,由于当时中国和英美政治上的问题,我不敢大谈美国;苏联的资料又太少,我也不懂俄文,知道的也少,只是零零星星地搜罗起来,因此很是发愁。1952年初我到上海过春节时,在电影院看了部影片,里面有加片《今日苏联》,其中有一段叫作《下课以后》,介绍的就是苏联的天文馆,讲苏联中小学生下课后如何参观莫斯科天文馆。我赶紧找到江苏电影公司,请他们把这片子拷贝了给我们,说我们有用。我把片子的照片都翻拍下来,放在计划书里。我在计划书里说民主德国也是社会主义,莫斯科也是社会主义，这些都是符合当时的政治形势的。

1953年，我连着在《科学大众》上发表了3篇文章。10月号为《新中国的天文工作》（此文被译成俄文在苏联发表），这本杂志当时的封面就是古代天文仪器；第二篇是11月号发表的《苏联科学的宽广道路》；在12月号上还写了《莫斯科假天馆》，这期的彩色封面印的就是莫斯科天文馆中天象仪星空表演的图片。这些文章发表半年多以后，我就调到了北京筹备北京天文馆。这段时期我对建立天文馆的宣传完全是出于个人强烈的愿望，我多么想建成我国自己的天文馆。

但是我后来听到的消息是，计划书原则通过，但是经费无着落，只能等待机会。

1954年八九月份，民主德国给中国驻民主德国大使馆写信说"建议中国采购我们的天象仪"。民主德国的蔡司天象仪是一种科学普及教育的有效仪器，德方因为对我国有贸易差额，建议我国购买这种仪器为一部分外贸补偿。信件送到政务院中央文化教育委员会，主任是郭沫若。9月，中央文化教育委员会开会决定筹建北京天文馆，由中国科学院负责办理。中央文化教育委员会就把这个文件交给科学院，科学院决定从院年度经费中调剂出200亿元（即人民币改革后的200万元）作为建馆经费。科学院马上打电报给南京紫金山天文台，我记得我是在1954年9月10日接到电报的，电报文里说"派李元带全部假天馆资料速来京"。这些资料主要是跟天文馆相关的书籍、杂志、图片等。这是我人生中经历的第二次心花怒放，第一次是去紫金山天文台工作，那时我感到我个人的兴趣与国家的需要结合在一起了，而现在，我的理想，我梦想的事业即将变为现实，我如何能不激动？张钰哲也说："行了，你想的事儿来了。"

9月中旬我来到北京，就见到了竺可桢，见到了"全国科普"的领导。那时我被安排在科学院办公厅工作，地址是北海公园附近的文津街3号，就是北京图书馆老馆的边上。我给科学院代起草了《关于筹建北京假天馆的报告》，大意说："接到中央文化教育委员会的指示，我们科学院已经拨专款办理此事，预拨200万元建造。"当时中科院的院长也是郭沫若，这边以科学院院长郭沫若的名义把报告从中国科学院呈交到文化教育委员会，那边郭沫若又以文化教育委员会主任的名义对报告作了批复，很有意思。我国第一部宪法在1954年颁布，我们就在那报告里说，中国建立天文馆是为了庆祝第一部宪法的颁布。近年来我还专门写了篇文章登在《天文爱好者》[①]杂志上，讲述天文馆创建和我国第一部宪法的关系。

访：当时筹建报告审批过程顺利吗？哪些领导同志作了批复？

李：1954年9月17日，全国科普协会致函北京市人民政府，谈筹建天文馆的事情。文中大致意思是：中国科学院办公厅秦力生主任口头通知全国科普协会的彭庆昭副秘书长，在北京市筹建假天馆一事，中央文化教育委员会决定由科学院代为筹建，请北京市大力协助，拨给地皮和负责设计施工。9月20日，北京市文委李续纲秘书长作了批示。吴晗副市长在9月21日的批复是："请范副局长、沈院长设法迅即设计施工，争取今年开工，并请李秘书长办。"

1954年9月21日，中国科学院以（54）院文字第3433号文件将《北京假天馆筹建计划》报请中央文化教育委员会批准，这就是筹建北京天文馆的第1号文件，这个筹建报告不久就得到中央文委的批准。[②]

访：筹建计划的内容是什么？

[①]《天文爱好者》于1958年创刊。
[②] 报批文件内容是："中央文化教育委员会：为纪念中华人民共和国宪法的颁布，并满足人民对于提高科学知识的要求，建议北京假天馆即日起开始筹建，请予审批。中国科学院院长郭沫若。"

李：主要内容有：一，概说。假天仪和假天馆的性能介绍和建馆意义，外国假天馆的现状。二，北京假天馆的规模和内容。有天象厅、演讲厅（电影厅）、展览厅、图书馆、天文台、天文广场、办公楼、实验室、宿舍楼等。三，成立筹建机构。由科学院、全国科普协会和北京市联合组成，由科学院领导。筹建机构的工作有：1. 订购仪器（假天仪、天文望远镜等）。2. 设计建筑：（1）定出规模、面积和地址，要选在风景优美、交通便利之处；（2）设计；（3）兴工建筑；（4）安装仪器。四，假天馆成立时，科学院将假天馆移交全国科普协会领导。

1954年9月，中国天文学会北京分会召开了一次学术讨论会，由席泽宗主持，让我介绍筹备假天馆的事情，我介绍了情况后，大家都欢呼鼓掌，非常支持。①

那时财政部的经费批准下达文件也来了，我就到科学院器材处办理订购仪器的事宜。向民主德国订购了一架蔡司假天仪，60万元；蔡司折射望远镜，5万元；剩下5万元购买电影放映机、幻灯机等附件；其余130万元为建筑经费。我当时想我先定了仪器，以后如果还需经费，国家肯定会拨款的。德国马上寄来了相应的订货样本，天文望远镜有两种，一种是口径13厘米的，是小的，5万元；另一种口径是20厘米的，要20万元。美国洛杉矶、苏联斯大林格勒两家天文馆都是20厘米的，因为口径越大能看到的星越多，但是这个仪器要卖20万，加上我们购买天象仪的60万，不是小数目了。我考虑到口径大的实在太贵，况且在大城市里，只用于平时观星，太浪费了，还是订个小的好了。于是和张钰哲台长商量后就

---

① 中国天文学会北京分会于1954年9月26日举行的第四次学术活动由席泽宗主持，简报中末段载有："李元向会议宣布了科学院关于在北京建立假天馆的决定，全场响起热烈的掌声，会员们一致认为从此天文普及工作将步入新的高潮，并表示愿为此贡献力量，以便在普及的基础上把祖国的天文事业更加提高一步。"

订了小的，事实证明我们这个决策是正确的。我们最后一共花了350万，比原计划增加了150万元。

张钰哲台长那时对我说，你去干筹备天文馆的工作吧，筹备好了，你还回来，不要离开天文台。其实我心里想，我还是在天文馆工作比较好，我不是研究天文学术的料，搞普及还比较合适。

除了我，当时参加筹备建馆的人还有卞德培、北京市政府的行政干部王同义。当时为了全面开展工作，各方面迅速抽调人员成立筹建办公室。我是从中国科学院由紫金山天文台抽调的，卞德培是从全国科普协会由上海科普协会抽调的，王同义等是从北京市文委办公室抽调的。当时的经过是这样的：我1954年9月刚到北京时，在科学院报到后，就写了张明信片给卞德培，说天文馆筹建要启动了，你来北京干吧。当时卞德培已经从银行调到上海科普协会工作，我非常想让他来北京和我一起筹办天文馆，就向领导们推荐了他。我那时也在向国务院呈报建设天文馆的相关资料和公文。1954年国庆节后仪器订好，我得空回到南京，一方面先向张钰哲汇报天文馆筹备情况，另一方面把卞德培约到南京，在我家彻夜长谈如何建立天文馆，对将来要办杂志要出书的一番展望。从那以后，我们把工作的重心由"大众天文社"转到了天文馆的建设上来。

卞德培1954年12月就办好了手续，调到北京天文馆。我当时还在南京、北京两地跑，张钰哲还不放我，不想让我离开紫金山天文台。我说那我先在北京天文馆待着，不办手续也不回去，我觉得我在天文馆这边可以发挥更多的作用，在天文台又不缺我这样的人。在上海佘山天文台工作的李珩也劝张台长说，李元是个优秀的科普人才，这种人比研究人才更缺乏，让他去搞天文馆更合适。我也找竺可桢说可否给张台长招呼一下，让他同意我来北京做事，竺可桢给张钰哲打了招呼，我才正式调到了北京。

由于北京市的积极协助,各项筹备工作开展得比较顺利,特别是吴晗副市长和市文委李续纲秘书长亲力亲为,召开会议,安排人员,落实设计和基建单位,使建馆工作有了切实保证。

建馆的钱虽由中科院出,但是其他工作是由全国科普协会主管,全国科普协会的办公楼就在科学院楼的后面。我们研究决定应该找位德高望重的人来主持这件事情,当时陈遵妫是上海徐家汇天文台的负责人,全国科普协会的领导就向竺可桢等领导汇报,想请陈遵妫先生到北京来当天文馆馆长,主持筹建工作。所以中国科学院就请了天文学家陈遵妫来北京担任天文馆馆长。

开始积极选定馆址是在1955年春天,因为是在北京市建设这么大一个项目,吴晗就给梁思成(1901—1972)打了个电话,说请他参与选址。梁思成和吴晗都参加了实地调查和选址工作,除此之外,参与选址工作的还有竺可桢副院长、彭庆昭副秘书长、李续纲秘书长、张开济总建筑师、宋融建筑师、陈遵妫馆长以及我和卞德培。我们确定选址的原则是:交通便利,环境优美,并有发展余地。最先大家聊天说选择在天坛,但是觉得氛围不合适,后来又有提议鼓楼的,有提议什刹海的,都否定了。想到莫斯科天文馆就建在莫斯科动物园旁,我们觉得这样也挺好,天文馆和动物园都属于文化区,我们就借鉴了苏联的思路,把地址定在了动物园附近,就是现在的西直门外大街西边,北京动物园对面。这里的优点是面积大、搬迁任务小、交通便利,并且和北京动物园、北京展览馆构成一个文化、游览中心。

地点定好以后,我们就办理相关手续,着手进行建设工作。北京天文馆及其附属建筑,包括天文台、气象台、办公楼、宿舍及车库等,共占地约2.5万平方米。为了使用上的便利,我们把总平面布置划分成两个区域，即一个游览区和一个服务区。在基地东部是服务区，集中了一切办公楼、宿舍楼、车库、锅炉房等建筑；基地西部就是对外开放参观的建筑，比如天象厅、展览厅、演讲厅、天文台、气象台等。这样设计为的是让对外开放参观的建筑物自成格局，成为不受公用路线干扰的游览区，同时，还留有发展余地。

选址确定了，要展开积极施工，特别需要天文馆和天象仪等方面的技术资料。过去虽然也搜集过这些资料，但是只限于一般的参考，不能满足实际建馆的要求，所以我们就积极查找和翻译有关的文献资料。比如民主德国的莱希（Heinz Letsch）编著的《蔡司天象仪》，这是由沈良照从德文版和俄文版翻译的；另外，还参考了纽约的美国自然博物馆出版的《自然历史》期刊上的《纽约天文馆建设经验报告》、苏联1940年的《天文学杂志》上的《莫斯科天文馆的10年（1929—1939）》等；还收到了金陵大学音影系孙明经教授赠送的《美国洛杉矶格利菲斯天文台（馆）图册》；另外，斯大林格勒天文馆也寄来了它们的建筑照片和蓝图供我们参考，该馆是二战后世界上建立的第一个天文馆，是民主德国赠送给苏联的。

在技术资料方面，1929年的《美国机械师》（American Machinist）杂志中共有数十页与蔡司天象仪的设计和使用有关的极为专业、并有大量图解的文献对我们极为重要。那时没有复印技术，是由中科院物理所协助，用大型玻版拍摄后晒成蓝图使用。这些都说明，建设一座科技博物馆，专业的资料文献是多么重要。由于我一向重视这项工作，因此能迅速查到这份重要文献，并在有关单位的协助下运用到实际中去。

除了广泛收集资料以外，我们还委托了对外贸易部去民主德国工作的张济舟等同志在国外联系仪器和建筑方面的技术资料，找到了蔡司天象仪的详细说明图册，解决了建筑方面的设计问题，特别是天文馆的圆顶设计。我们向联邦德国订购了一台水泥喷浆机，这台机器当时国内是没有的，它是喷制天象厅水泥薄壳圆顶不可缺少的设备。设计人员还在紫金山天文台等处参观了解天文台圆顶结构和建筑结构。

当设计、施工力量和备料等工作基本就绪之后，1955年10月24日，北京天文馆正式动工。新华社10月25日即发表了《北京天文馆兴建》的消息，同一天《光明日报》上发表了我早已写好的《现代天文馆事业的发展》一文，是我国报章上第一篇这类文字。这篇文章的内容，大概的意思是：我国第一个天文馆——北京天文馆24日在北京西郊动物园附近开始动工兴建。北京天文馆是中华全国科学技术普及协会在中国科学院和北京市人民委员会的协助下筹建的。北京天文馆建成后，将向广大人民宣传以天文学为主的自然科学知识和我国古代天文学的伟大成就，成为我国天文学普及工作的中心，以及学校和部队天文教学的重要辅导机构。现在查找这段话也是可以找到的。

访：哪些专家学者参与了工程建设？顺利吗？

李：根据当时的条件，首先建造的是办公楼和宿舍楼，最主要最复杂的天象厅部分是在1956年6月开始建设的，到1957年5月基本完工。在这项工程中，民主德国专家卡尔博士和库尼斯工程师来到北京参与设计。可以说，进展是比较顺利的。

天文馆的中心是天象厅，天象厅的工作最是关键。天象仪是在1955年6月由民主德国蔡司厂运到北京，由于基本建设进度比较慢，到1957年4月才在德国蔡司厂专家的指导下安装完成。在安装之前，有关人员用了两个半月时间，先对天象仪的有关技术资料进行了学习，再通过实际工作，我们已经完全掌握了天象仪的有关技术。

在天文馆建筑的美术设计上，美术家吴作人、艾中信、周令钊，雕塑家滑田友、王临一、曾竹绍等同志贡献了不少力量。著名物理学家钱临照教授对北京天文馆的建立给予了关心和指导。全国科协副主席、科学家茅以升（1896—1989）也在1957年举行的中国人民政治协商会议上特别向全体委员介绍了天文馆的建设情况。

1957年6月17日，我国第一次人造星空表演在天象厅举行，这次试演效果良好，我多年的梦想终于实现了，心里非常激动。天象仪放映出来的星座名称等字幕都是中文的，当时在订购仪器时，我们就请美术家沈左尧把所有中文译名按规格写好，交给蔡司厂专门制作出来。

1957年8月，北京天文馆建造完成。8月1日，是中国人民解放军建军30周年纪念日，有部队前来联系，想参观天文馆。当时还没有正式对外开幕，但是内部已经可以表演了。馆里征求我的意见，我说，这是一件大事，应该好好接待解放军。因为有6 000多人要来看，所以《到宇宙去旅行》星空表演预计将有10场，否则接待不完呀。那时没有录音机，稿子是我编写的，别人还讲不了，只能我来讲，一场要讲40分钟，每隔10分钟讲一场，还要保持精神饱满，可不能把内容讲走样了，当然也没有加班费。这真是一个大工程，我说，我包了，就泡了一杯胖大海，不许别人和我说话，我要保证我的声音正常。就这样，我一个人讲了10个40分钟，接待了解放军官兵和其他方面的来宾共6 000多人，收到了非常好的反响。正如后来《人民日报》有篇文章上说的，天文馆的"宇宙旅行趣味无穷"。这也是我科普工作中的一个亮点。

访： 1957年9月29日，北京天文馆开幕典礼隆重举行，中外600多名人士参加了典礼，听说陈毅副总理等中央领导也亲临典礼？

李： 是的，陈毅副总理亲临典礼，中华全国科学技术普及协会梁希主席致开幕词，北京市吴晗副市长和德国来宾致祝词。典礼上宣读了天文学

1957年9月29日上午，在北京天文馆开馆典礼上，北京市副市长吴晗致祝词

家张钰哲、李珩、戴文赛、赵进义等人的贺信，由中国科学院竺可桢副院长剪彩。之后，中外来宾进入大厅参观，并在天象厅观看了由我编写和主讲的《到宇宙去旅行》星空表演。从国庆节开始，北京天文馆面向广大群众正式开放。天文界的知名人士，比如北京天文台的程茂兰台长，还有王绶琯、席泽宗等都出席了。

从此，北京天文馆成为我国天文馆事业的开端，进入到世界天文馆的行列。虽然日本大阪和东京两馆的设立比北京天文馆早了近20年，但是它们都是把仅有的天象厅（星空剧场）建在七八层的高楼上，远远没有北京天文馆所具有的多种功能和宏大建筑，北京天文馆是亚洲大陆第一座天文馆。

同时，我也想到，在建国五周年，抗美援朝刚结束不久，人力、物力资源都很匮乏的时期，国家就着手建设这个馆，说明国家对科普工作很重视。天文馆创建要有人宣传、有人支持，也要有人实干，缺一个条件都不行，你想干，但是机遇不好，没有人支持，这件事情也许就没有办法做成。

《到宇宙去旅行》

访：北京天文馆开馆时上映了哪些天文表演节目？

李：北京天文馆的诞生，标志着我国科普工作进入到了一个新的阶段。它是新中国成立以来兴建的第一座大型现代化科普场馆，成为我国天文普及的中心。由于它的发展，前大众天文社的历史使命就逐渐结束，停止了活动。

在北京天文馆建成之后的最初10年（1957—1967），我主持对外宣传工作，编制导演了许多星空表演节目，比如《环球旅行》《天空动物园》等，都很受欢迎。之前由于蔡司厂交给北京天文馆的只有天象仪和5件附属仪器，并没有演出节目可以参考。星空表演在我国还是未曾涉足的领域。我们还组织群众性的天文观测活动，举办天文讲座，去农村举办科普活动，编制大大小小的天文科普展览。

《到宇宙去旅行》片头

《到宇宙去旅行》是一个40分钟的表演节目，是我根据过去10多年的科普实践编写的，是一个集科学、美术、音乐、演讲、表演为一体的综合创作。20世纪50年代初，正是美国和苏联等国进行太空技术竞争的年代，人类处于太空时代的前夕，因此我在星空表演中也融入了太空发展的主题思想。1957年9月29日北京天文馆开幕时，《到宇宙去旅行》作为第一个星空表演节目引起了轰动，成为40多年来经久不衰的表演节目。在开馆后一周，1957年10月4日，人类的第一颗人造地球卫星由苏联发射成功，开创了人类的太空时代，人们对宇宙的兴趣猛增，到天文馆来看《到宇宙去旅行》节目的人更多了，甚至还有人晚上背着铺盖卷来天文馆排队买票。正是因为我们的星空表演节目和若干展览的内容与太空时代的历史步伐相吻合，所以才能吸引这么多的观众。

此后，《到宇宙去旅行》成为北京天文馆几十年的保留节目，并被改编成各地小天文馆的节目，观众数以千万计，讲稿也多次在报刊发表，并被编成单行本出版。最令我难忘的是，1957年10月7日晚上，周恩来总理来到北京天文馆，我荣幸地陪他观测星空，请他到天象厅里观看星空节目，得到了他的赞赏。

我国天文界老前辈李鉴澄①老先生在《北京天文馆成立30周年纪念文集》中曾经评论说："天文馆早期节目以李元同志写的《到宇宙去旅行》最受欢迎。当时天象厅讲稿不采用录音，由专业人员亲自讲解。李元同志经常登台讲解，并担任导演。他对于天象厅的创作、排练工作，做出了积极的贡献。"我很感激他对于我工作的肯定和鼓励。

《天文爱好者》杂志的诞生

访：《天文爱好者》是我国刊龄最长的天文科普期刊，该刊曾经把您

---

① 李鉴澄（1894—2006），天文学家，北京天文馆研究员。

1958年，北京天文馆与中国天文学会共同创办的《天文爱好者》杂志，自创刊以来已经累计发行达800多万册

的照片刊登在第300期纪念号上，作为创刊人之一，您能否讲讲这一著名期刊的发展史？

李：不错。这本期刊是我最喜爱的科普期刊之一。1955年筹建北京天文馆时，我们三个人：老一代天文学家陈遵妫、我的好友卞德培和我就商议好，天文馆开幕以后应该创办一本天文科普期刊，专为广大天文爱好者服务，我们很自然地选择了"天文爱好者"作为刊名。这个刊物于1958年4月创刊，到2008年正好是50周年。《天文爱好者》2008年第4期50年纪念专号上还刊登了我的纪念题词：

五十年播放《宇宙》之声，半世纪普及《大众天文》。

《天文爱好者》后来居上，"国际天文年"① 更加光明。

访：你们为什么这么积极地办这本期刊呢？

李：科学普及离不开天文宣传和图片解说，办杂志就是最好的方式。过去我国也有天文科普期刊，如《宇宙》（1930—1949）、《大众天文》（1949—1953）。从1954年以后就没有天文科普期刊了，这对广大天文爱好者来说是多么遗憾的事啊！

访：看来你们是顺应潮流，弥补空缺才办刊的。为什么上述两种刊物先后在1949年和1958年年底都停刊了？

---

① 联合国决定把2009年定为"国际天文年"。这一年也正是伽利略用自制的天文望远镜仰望星空400周年。

李：《宇宙》期刊1930年创刊，由中国天文学会主办，抗日战争前办得不错，很有规模，图片照片也不少，文章水平也很高，兼顾专业与科普。但是抗日战争后受到客观条件影响，出版日趋困难，全靠陈遵妫、李珩等几位前辈的勉力维持才没有停刊。1947年，我到紫金山天文台工作后，就在陈遵妫指导下做了些编辑工作，最后两卷（1948、1949）是我经手付印的。当时新中国已经成立，我对刊头及文章编排都做了一些改进。由于作者、编辑、出版等议题都有待重新安排，所以决定停刊。同时，由《科学大众》主编王天一的邀请，中国天文学会主编的普及刊物《大众天文》从1949年起作为《科学大众》的副刊出版，也可以说是一种过渡办法。该副刊由我主编，罗定江、卞德培和我共同编辑。后来，我和卞德培先后到北京参加北京天文馆的筹备工作，罗定江也调往别处，所以《大众天文》出版4年后停刊。在这种形势下推出一本全新面貌的天文科普期刊势在必行。《大众天文》的4年可以说是天文爱好者们自编自看的杂志，刊物注重天文观测和天文动态等，执笔者多为紫金山天文台爱好天文的同学们，北大、清华、南大、浙大等高校爱好天文的同事们。

访：《天文爱好者》期刊是怎样发展成一本科普大刊的呢？

李：《天文爱好者》由中国科协主管，中国天文学会与北京天文馆主办。50年来由于报道国内外天文新发现、新知识，内容丰富多彩，图文并茂，是天文爱好者名副其实的自己的刊物，所以越办越好，现在已经成为世界著名天文科普期刊中的一员。就以50年纪念号来说，采用的是16开国际开本，铜版纸全彩精印，全书100页。我很荣幸地参加了编委会并经常供文供图。中国天文学会的三本期刊都是我的至爱，也是我终身受益的良师益友。

"文革"时期的北京天文馆

访：天文馆的落成和开放，为我国天文科普的发展开创了新的道路。此后，天文馆的发展情况怎样？

李：天文馆建成后，由中国科学院移交给全国科普协会。全国科普协会原来在科学院办公，后来迁出来，搬到天文馆三楼，主要工作是编辑科普杂志。1958年，全国科普协会在天文馆附近盖了一座楼，里面有全国科普协会和科普出版社两家单位。原来天文馆是归属中央管的，1958年就下放给北京市管理了。当时科普和科联合并了，叫作全国科协，也在那栋楼里办公。"文革"时红卫兵把科协机构全砸了，称科协为藏污纳垢之地，全国科协当时就撤掉了。那时我帮全国科协买了好多书，都是中外科普书籍，建立了一个科普资料馆。后来这批书被科学出版社接管了，我们也要不回来，后来他们把书全都处理给旧书店，我只能从旧书店又买回来一些。我觉得他们这么做非常不妥，非但不还书，还给当作旧书处理了，很多好书呀！科协那时撤销了，原有机构人员归中科院管辖，房子被中科院分配给古脊椎动物与古人类研究所了。

天文馆建成后，本来从西苑饭店到中国古动物馆都是天文馆的范围，但都逐渐被别人占了。那时候哪有办公楼，"文革"时科协的办公楼被砸了，地盘也被瓜分了。反右虽然对天文馆没太大影响，但是馆长陈遵妫被打成右派，这下子天文馆的发展就不顺利了。天文馆前几年还兴旺发达，后来因为"文革"的原因，道路就很曲折了。

访：听了您的介绍，对"文革"这段历史感到非常遗憾，请您再详细谈谈这一时期天文馆的状况。

李:"文革"十年,天文馆停业,江青去过好几次天文馆,说天文馆被古人、洋人和死人占领了,她要重新建立天文馆,她把一切都弄得不可开交。

"文革"是1966年开始的,从表面来看,它的导火线是姚文元写的《评新编历史剧〈海瑞罢官〉》,政治斗争我不了解,也弄不清楚,运动就是这么发展起来了。批判吴晗"三家村"开始的时候,我就感觉到自己必定会受到牵连,既然把吴晗揪出来了,我筹建北京天文馆时与吴晗有密切的联系,那我肯定也要被批判。我的材料果然被查出来搜走了,据说后来把我的材料烧毁了。北京出版社那时要出版"自然科学小丛书",吴晗和北京晚报社社长周游在四川饭店开了次会,要讨论这件事情,我也参加了,后来因为这件事,红卫兵说我是"三家村"的黑干将,要不然怎么会和吴晗他们一起开会?但是我只是致力于天文科普工作。

我最心痛的,是在"文革"中我所有的日记——从中学写到建设天文馆,全都被抄走了,很久以后我才得知,日记全都被烧掉了。从初中到高中我写了许多日记,最先是拿钢笔写在本上,在四川时,由于抗战时期物资匮乏,没有日记本,也找不到好纸,我就用很小很小的毛笔字一行一行写在土纸上。我一连写了十几年的日记付之一炬,那里面记载的许多历史资料,也都没有了,包括我在紫金山天文台的工作日记、接待外宾时外宾的签名等等。我觉得,如果我是反革命,可以凭证据说话,为什么说烧就烧了?可是我根本就不是反革命,也根本没有证据,好端端的东西这么烧了干吗?本来我对这件事情一直非常心痛,但是随着时间流逝,我也看开了,也想通了,大事、重要的事情我都记着就行,鸡毛蒜皮的事情记不得也没关系。"文革"之后,党支部问我有什么要求,我说没要求,问我有什么意见,我说没意见。我想有意见也没用了,已经烧掉的东西,就算我再有意见也找不回来了。对于"文革",我感到很遗憾,但是我不记恨,那时候很多人都受到了迫害,那是一次社会大潮流。

我与张钰哲、吴晗的通信等在"文革"时都被红卫兵烧掉了,很可惜,不过烧就烧了,比起国家的损失来说,我的事太小了,不算什么。

"文革"时期天文馆一切业务活动都停止了,我们这些被专政的人就天天念着"老三篇"等。天文馆里面的设备倒是没有人破坏,因为天文馆也没枪没炮,武斗不起来。江青在1968年和1969年来天文馆视察过好几次,讲究得不得了,那时天文馆楼顶上还有人放哨呢。

访:您提到,江青曾经说"北京天文馆被古人、洋人和死人占领了",她为什么要这样评价天文馆?

李:江青说"北京天文馆被古人、洋人和死人占领了"这话的原因在于馆里挂的都是张衡、祖冲之、牛顿、伽利略等中国古代天文学家和外国天文学家的画像,此外,还有雕像,而且,我们的仪器也是从国外进口的。所以江青就说要改造天文馆。有了江青的支持,革命派就更嚣张了,那时候谁也不敢提洋人了,也不敢提古代的科学家。后来江青等人还说要重新建设天文馆,以北京工学院仪器系为主,北京工学院就是现在的北京理工大学。北京工学院在1958年大跃进时期曾自己研制出用于天文表演的大天象仪,虽然比较简单,但是毕竟还是做出来了,引起了轰动,各报刊争相报道。中央新闻电影制片厂每周的《新闻简报》就曾报道过,那时还没有电视,人们都通过它来了解一周发生的新闻。

后来他们又组织北京仪器厂和北京工学院合作生产国产天象仪,虽然从精度来讲比不上德国蔡司天象仪,但是毕竟是咱们自己做出来的。当时他们还请领导批示必须用国产的,不能用德国的,说这是个政治立场问题，领导也害怕，就决定用这个国产天象仪。但是这个国产天象仪确实做工比较陈旧，比不上德国的。民主德国因为这件事情也比较生气，他们把中国从用他们仪器的国家名单中抹去了。

那时江青还说要重盖一个新的天文馆，破旧立新，原来的都废掉，工作人员就和仪器公司联系，当时也没有什么资料，就和我国驻外大使馆联系，找到了一些相关资料。那时我一直想不通，好好的天文馆不用，有什么必要再盖一个呢？直到"文革"结束，"四人帮"倒台，这件事情也就不了了之了。

访："文革"时期，天文馆无法正常开展业务，您那时在做些什么事情？

李：我感觉那几年真是一段空白。当时我骑车去北大、清华图书馆看书，去科学院图书馆看书，天文馆内部的书不让我看了，我想我就去能看书的地方看嘛。我看待问题很乐观，我一直保持着我对业务的激情和事业心，这是永远不能改变的。

1969年底，作为我爱人武慧睿的家属的我跟着中央气象局离开北京去了江西九江的五七干校。我感到我还是很幸运的，虽然那时不能开展天文业务，但我带了好多书，一直在看。那时我看到科学出版社和科学院下属的光华出版社（专门影印外文期刊书籍）处理旧书旧刊的广告，便经常邮购这些影印本的外文天文学杂志来看。

1972年我调回北京，尽管调回来了，但是工作上还是缩手缩脚，让我干的我就干，不让我干的我不插手。因为"文革"时被打倒、被批判的经历，我处处谨小慎微，夹着尾巴做人。正好那时赶上要举办哥白尼（1473—1543）诞生500周年的纪念活动，我作为骨干之一，和另外两个同志一起到图书馆查书编资料，为举办这次活动做些准备。后来这个展览很成功,波兰大使馆为此举行的接见他们却不让我去,他们在大使馆召开的研讨会也不让我参加,个中原因我心里明白。

1973年,哥白尼诞生500周年展览在全世界展开,外交部向周总理汇报了这个情况,我国决定由北京天文馆和中国对外友协等合作举办展览和纪念活动,展览地点就定在天文馆,具体由我和卞德培等几个同事负责。这是我国参与全球文化活动的一部分,也是我国一项有重大国际影响的展览,这也是我在"文革"中第一次接触国际性事务,我们既怕犯政治错误,害怕被人说我们宣传外国,又很想办这个展览,因为哥白尼是波兰伟大的天文学家,日心学说的创始人,纪念哥白尼,对于宣传科学、反对迷信有着重要的意义。

为了举办这次展览,我们从图书馆有关天文学和自然科学的科普杂志里搜集有关哥白尼的资料。当时连美国《国家地理》(*National Geographic*)也是禁书,是不能随便看的。我是到了紫金山天文台后才接触到这本杂志的,后来就一直关注它,学习借鉴他们做科普的经验。现在我有了尚方宝剑,就可以大量查阅了。

1973年6月20日,由中国—波兰友好协会、中国人民对外友好协会和北京天文馆联合举办的"纪念波兰天文学家哥白尼诞生500周年图片展览"在北京天文馆开幕,内容包括"哥白尼生平简介""日心说的建立""两种宇宙观的斗争"三部分,包括油画、图片、照片等70多幅,北京故宫博物院保存的英国18世纪制造的反映哥白尼日心说的两件仪器——七政仪和浑天合七政仪,还有哥白尼的《天体运行论》原书的第2版(1566)和第3版(1617)。《天体运行论》1566年第2版是专门从国家图书馆珍藏本中特准调出的世界级珍品,经我办理手续,由专车护送到天文馆展出。此外,还有哥白尼著作手稿影印本,介绍哥白尼日心学说的中外文图书，新中国成立后我国介绍和纪念哥白尼的数十册书刊。在展览会开幕日同时发行《天体运行论》（第1卷）中译本，是由科学出版社出版的。

展览会从6月20日一直持续到7月4日结束，展出了两周，参观者有工农兵群众、革命干部、科学工作者和学生等数千人。中国科学院副院长吴有训、对外友协副会长杨骥来参观了展览。参观展览的外国人士有波兰驻华大使斯塔霍维亚克和大使馆其他外交官员，还有来自瑞士、意大利、墨西哥、英国等国的外宾。波兰大使对我们的展览赞不绝口。我曾在1973年6月的《科学通报》中发表了纪念性专文，后来由我国驻波兰记者将此刊回赠哥白尼博物馆珍藏。

6月22日，中国科学院和中国天文学会在北京举行了学术讨论会，纪念哥白尼诞生500周年，约有80多人参加了座谈，座谈会由中国科学院代理秘书长岳志坚主持，中科院副院长吴有训致辞，中国科学工作者怀着对哥白尼崇高的敬意，纪念他对科学进步所作出的杰出贡献。中国天文学会理事长张钰哲作了《天文学的伟大革命》的发言；中国科学院自然科学史研究所席泽宗发表了论文，介绍《日心地动说在中国》；南京大学教授戴文赛作了《哥白尼的认识方法和革命精神》的发言；北京天文台李启斌讲了《哥白尼和现代天文学》。波兰驻中国大使斯塔霍维亚克也在座谈会上讲了话，表达了对中国科学工作者所做工作的感谢，并相信这一活动一定会进一步促进中波两国人民友谊的发展。

此外，我国一些报章期刊也刊发了相关文章，《科学实验》1973年第2期和第6期发表了纪念文章和画页；《科学通报》1973年第2期发表了我写的纪念哥白尼诞生500周年的文章，这篇文章全面记录了这次我国纪念哥白尼诞生500周年活动的全部内容；《中国科学》发表了纪念哥白尼学说的科学论文；人民出版社出版了《哥白尼的故事》等通俗读物。

北京古观象台的接收和开放

访：北京古观象台是北京天文馆的重要组成部分，您曾负责过古观象台的工作，应该是为我们介绍古观象台历史的最佳人选。我们年轻人对古观象台了解得很少。

李：要了解古观象台，就要从它的历史讲起。它历经500余年，也历尽浩劫，说来话长。

古观象台一直是明清两代的国家天文台，很早就闻名世界，它以前是皇家天文台，用来编算历书、发布历书、推算日食月食。从清王朝到民国时期，基本都是用眼睛观测仪器、测量角度等，而国外的大望远镜都是直接看到星体本身形态，所以说古观象台并不是现代的天文台。外国传教士利玛窦、汤若望、南怀仁等人来中国时也参加过古观象台的工作，古观象台还有几件仪器是外国人设计、中国工匠制造的。

访：古代天文仪器遭受了哪些劫难？

李：根据我了解到的历史资料，1900年8月八国联军攻占北京城，联军总司令、德军统帅瓦德西来到古观象台，他发现这些仪器具有极高的艺术价值，就萌生了掠夺的念头，他认为这些天文

建于1442年的北京古观象台，以建筑完整、仪器齐全、历史悠久闻名于世（摄于1930年）

仪器是在德国的"军管区"内，应该作为"战利品"运往德国。而法国统帅提出的要求就更荒唐了，说有的天文仪器在制造过程中曾经得到法国传教士的帮助，要求与德国平分。经过会商，双方达成瓜分协议：各分得五件，由德国优先挑选。这一重大历史事件，在德国的斯瓦兹（R. Schwarz）所著的研究论文《德帝国主义对北京古观象台仪器的掠夺和归还》中有记载。

1900年12月，西方列强开始了公开的野蛮掠夺。德方抢夺走的5件仪器有天体仪、纪限仪、玑衡抚辰仪、浑仪和地平经仪。法国抢走是赤道经纬仪、黄道经纬仪、简仪、象限仪、地平经纬仪。法国抢走的仪器一直藏匿在驻华使馆内，后来迫于世界舆论的压力，于1902年归还我国。德国完全不顾中国政府的要求和世界舆论的谴责，将掠夺的5件古代仪器装船运回德国，后来遵照威廉二世皇帝的命令，安放在皇家花园的草坪上。

访：世界舆论是如何评论这一掠夺行径的？这些古代仪器后来的命运如何？

李：德法侵略军掠夺中国古代天文仪器的暴行激起了世界公愤。著名杂志《科学的美国人》为了记述这一事件，于1900年12月29日在纽约出版了一期增刊，并配有这些仪器的铜刻版画。德国许多报纸也谴责这种掠夺行为，纷纷发表抨击性文章。一直到一战结束，中国代表团出席巴黎和会，在会上强烈要求德国将掠走的古代天文仪器归还中国。最后，《凡尔赛和约》第131条中规定，德国应将所有公元1900年及公元1901年掠夺的天文仪器，在本和约签字后12个月内全部归还中国。1920年6月10日，这批古代天文仪器从德国装船运往中国，途中在日本神户转口时还遭到日本的故意刁难，最终在1921年4月7日运抵北京，由荷兰驻华公使欧登第克作为中介人把仪器交还给观象台，并按照观象台台长的要求，在德国使馆留守人员狄利的指导下把仪器安装复原。

1921年10月9日，被掠夺长达21年的中国古代天文仪器和复原后的古观象台正式向有关方面展出。当时北京的一份大型画报曾刊载了当时展出的仪器照片，后来还收入陈遵妫编译的《宇宙壮观》一书中。

访：据我了解，有一段时期古观象台曾被称为"中央观象台"，那是什么时候？

李：那是辛亥革命以后，1912年5月在古观象台成立了中央观象台，由高鲁主持台务，隶属教育部，因而原清政府的编历机构钦天监被撤销，从此结束了带有浓厚封建色彩的中国皇家天文机构的漫长历史。

中央观象台设历数、气象、天文、磁力（就是我们现在所说的地磁），一共四科。1922年，高鲁从巴黎回国复任台长，但由于北洋军阀政府财政困难，观象台职员无法糊口，都外出兼职去了，所以台务很少开展。1928年，北洋政府瓦解，中央观象台分别由南京政府所属的国立中央研究院和气象研究所会同接管。不久，中央观象台撤销，分别成立了"国立天文陈列馆"和"北平气象测候所"两个机构。中央观象台的撤销标志着：一，这座古观象台作为国家的中央天文台的历史已经完全结束；二，国家天文学中心南移至南京的国立中央研究院天文研究所，揭开了中国现代天文学事业的序幕；三，天文和气象混为一谈的时代在中国已经过去，从此天文和气象两大学科各自独立；四，国立天文陈列馆的成立拉开了中国天文普及事业的帷幕。

访：国立天文陈列馆是什么性质的机构？

李：1928年，国立天文陈列馆成立，这是中国第一座天文博物馆，也是第一座天文普及机构，就从这时起，这座古老的观象台才正式向广大公众开放。成立后，开放让公众参观成为它的主要任务，除了出售常福元

(1874—1939）的《天文仪器志略》①外，还出售古代天文仪器的照片明信片，质量很好，并且还加印了仪器的英文名称，流传国内外。

访：有一段时期，部分古代天文仪器曾经南迁，那是什么时候？为什么要南迁？

李：1921年德国把掠去的5件古代仪器归还中国之后，古观象台保持了一段相当稳定的时期。但是好景不长，1931年日本侵略军侵占东北后，华北已经处于侵略战争的阴影之下，所以便把一部分古代天文仪器南迁。1933年，由天文研究所研究员李铭忠赴北平抢运古代天文仪器，但是仪器太大了，又不好拆卸，李铭忠束手无策。后来在历史语言研究所裴子元的帮助和努力下，才把一批古代仪器运到浦口，包括浑仪、简仪、小天体仪、小地平纬仪、晷表、两个明代漏壶，共7件。浑仪和简仪的底座都是整体的，不能分开，所以从古观象台运到前门火车站都是用横杠垫在下面，用人力向前推着走，可以说是费尽了心力。从浦口到南京再运到紫金山天文台更是经历了重重困难，全亏了当时天文研究所陈展云精心计划，又得到了铁路工人和搬运工人的支持，才在1933年一个大雪纷飞的夜晚运到了山上，真是太不容易了！1935年古仪被安放在新建成的紫金山天文台上。在紫金山天文台安家还不到两年，古仪又遭到了日本侵略军的破坏，好几件仪器的外观遭到损坏。1945年抗战胜利后，紫金山天文台的古代仪器满身创伤，直到新中国成立之后，才得以修复。

我记得修复仪器的人是无锡的老铜匠吴锤，他于1952年至1953年精心修补了古仪，还在简仪暗处刻有"奉张钰哲台长孙克定副台长及李元同志之命修补了古代天文仪器无锡吴锤"，算是留作纪念。

访：新中国成立后，古观象台归属什么机构管理？

---

① 常福元：《天文仪器志略》。北京：京华印书局，1921年

李：新中国成立初期由人民解放军代为保管古台。1953年4月，戴文赛和我首先在《人民画报》上撰文介绍古台和仪器，首次发表相关的彩色照片，这篇文章后来被译为多种外文，在国外出版的天文史著中作为文献引用。1955年6月20日，在全国大部分地区可以看到一次日偏食，为了普及科学知识，全国科普协会和中央人民广播电台在北京古观象台联合举办了日食观测活动，由著名播音员夏青负责现场广播，当时还有画家给我们画了观测日食的速写。1956年2月，北京古观象台正式移交给北京天文馆管理，天文馆陈遵妫馆长接到层层转发的国务院文件《北京古观象台拨归北京天文馆保管使用》，定下古台在1956年5月1日对外开放。那时，西直门外的北京天文馆正在修建，我就被派到古台负责筹备和开放工作。五一那天，修葺一新的古观象台正式以"北京古代天文仪器陈列馆"的名称向社会各界开放。5月21日，《北京日报》还用整版篇幅介绍了古观象台和古代天文仪器。

开放日，除了展览台上的8件清代天文仪器之外，还有中国古代天文学成就、古代历法、中国近代天文工作、中国近代天文书刊、北京天文馆建设模型等几个展室，吸引了很多观众。我负责仪器的整修、写铭牌、搞展

1955年6月20日，在尚未修整完毕的北京古观象台举办了日食观测活动。陈遵妫馆长（中）和李元（右一）正用望远镜观测日食投影像

览。抗美援朝时期，报纸上登载过好几篇爱国主义教育的文章，其中一篇是竺可桢写的《中国古代天文学的伟大成就》，我们以后搞的古代天文和古观象台活动，就以他的文章为参考指南。1956年9月，火星接近地球，我们在古观象台上架设了多架天文望远镜，有1.3万多人参加了观测活动。

我对古观象台很有感情，而且感触颇深。在八国联军侵华100周年时，我写了文章《百年沧桑话古台》（《天文爱好者》2000年1月号），纪念古观象台。我曾经在人民日报社出版的庆祝建国50周年的一本图册里看到一幅照片，照片下方是古观象台，上方是我国的一组飞机飞过，我觉得这幅照片拍得特别好，寓意深远。过去在帝国主义侵略下，国家灾难深重，古观象台命运曲折，几次被占就是明证；新中国成立后，人民当家做主，再也不任人欺负了，古观象台真正收归我们自己所有，很长志气。

访：听说毛主席也参观过古天文仪器并作过指示？

李：是的。1953年2月23日，毛泽东主席由陈毅等陪同前往南京紫金山天文台视察。紫金山天文台张钰哲台长参加中国科学院访苏代表团正访问苏联，所以由孙克定副台长陪同参观，我担任解说。在古代天文仪器前我把古仪遭八国联军掠夺的历史详细告诉了主席，毛主席指示说，不仅要把被破坏了的仪器修好，而且要把帝国主义侵略中国、掠夺和破坏古代天文仪器的事实讲给广大群众听，进行爱国主义教育。几十年来，我们在古观象台讲解中国古代天文仪器知识的同时，还不忘述说它们的蒙难历史。

访：建国初期，北京市进行了大改造，把城墙都拆了，那古观象台是怎么保留下来的？

李：1956年古观象台开放后不久，有消息说为了拆除城墙，要把古台毁掉，仪器搬迁。得知这件事情后，天文馆馆长陈遵妫急忙去找吴晗副市长。作为历史学家，吴晗自然十分重视文物的命运，立即放下手头工作，两人一起来到古台。陈遵妫向吴晗介绍了古观象台的历史，力陈保护它的重要性，还说最好能保存一段城墙，将来作为城墙公园。吴晗仔细看了看周围，补充说，南面的角楼也可以保留，作为北京古城墙遗址。几年后，在修建北京地铁时又遇到同样的问题，这次是要拆掉古台。后来周恩来总理亲自明确批示："保存古台，地铁绕行。"

> 1959年，北京古观象台暂停开放。当时，中国科协要筹备建设中国科技馆，筹备处就设在北京古观象台，古观象台的正常参观工作就停止了，集中人力专心搞筹建。中国科技馆地址原本设在北京火车站对面，当时地基都打好了，但是因为国家经费紧张，周总理对聂荣臻元帅说，经费紧张周转不过来，科技馆建设先停一停，于是科技馆项目就先下马了。

古观象台的暂停开放，这一"停"就是整整25年，其间还经历了十年浩劫。在漫长的岁月里，它的大花园、众多的房屋陆续被一些社会单位挤占瓜分，幼儿园、北京市物资局仓库、职工宿舍等都占据了这块地方。台上8件古代仪器虽然常年封锁，没有被毁坏掉，但是小偷潜入偷盗仪器零件当废铜变卖的事情经常会发生，以致这座闻名于世的古观象台变得七零八落、满目疮痍。

访：25年的确是一段漫长的时期，后来，古观象台又是如何重新开放的？

李：古观象台的新生，可以说费尽了周折。1978年4月27日，国家科委和中科院信访处的《信访摘报》第10号曾建议："北京建国门城墙上的古天文台重新划给北京天文馆，整理后向广大群众开放。"4月29日，方毅副总理批准："拟同意，请邓副主席批示。"5月4日，邓小平副主席批示："同意，可商有关办理。"

1978年6月15日，国家文物局向国务院上报《关于北京建国门古观象台的保护和维修问题的意见》。6月16日，国务院有关领导批示："同意，应早日进行。"7月5日，北京市有关单位联文决定："占据古观象台的北京市物资局仓库及其他用房务必于8月底以前腾空交北京天文馆使用。待交接后由北京天文馆即着手修复北京古观象台及附属建筑群，争取国庆30周年对外开放。"随后，8月上旬，北京天文馆就派人进驻了古观象台，准备接收和筹备修复，但是由于北京市物资局迟迟不执行决定，修复工作根本没办法开展。

1979年8月中旬前，有半年多的时间，北京天文馆向北京市请示维修古观象台计划和预算经费，北京市又上报国务院，请示批准下达。但是北京市物资局还是没有交还他们占据的房屋，继续拖延。

1979年1月4日，北京天文馆上书北京市领导，提出古观象台的维修问题，主要内容有："北京古观象台年久失修，险象日甚。为此，去年4月9日新华社曾发过内参，邓小平副主席、李先念副主席等中央领导同志都曾有过具体批示。市委文化出版部、市计委、市科委也有过批复文件。但由于维修任务尚未下达，无法开工。我们建议把古观象台的大修工程作为应急项目列为今年市里的修建规划中……"1月19日，北京天文馆再度上书北京市，进一步提出修整古观象台的详细计划。2月8日，又上书北京市计委，提出市物资局等单位迟迟没有搬出，导致工程无法进行，希望计委能够加以督促使该单位早日搬迁。5月，国务院领导同意北京市上报的有关古台修复开放的请示报告。6月29日，北京天文馆邀请自然科学史研究所等单位的有关人员举行了"北京古观象台修复座谈会"。7月6日，天文馆又上书市科委请示修复古台的用地范围。

访：听说后来是因为一场夏季暴雨，才使得古台维修得以实现。

李：是的，1979年夏季的那场暴风雨促发了古台的新生。8月，北京连降5日暴雨，8月17日，古观象台东侧顷刻之间部分坍塌。此事震惊中外，不仅国内报刊登载消息，国外媒体也评论纷纷，都感到十分惋惜。北京天文馆当天就在向北京市科委发出的紧急报告上说："1979年8月17日凌晨1点50分，北京古观象台东侧坍塌……应组织有关力量投入抢险施工，避免古老文物遭受进一步毁坏。"听说了这件事情后，已是古稀老人的陈遵妫特别着急，正好当时赶上政协开会，他就抓住时机，在会议上先详细介绍古观象台的历史、在国际天文界的地位，然后大声疾呼，要赶紧抢救保护这个著名古迹。我听说，当时，华罗庚正坐在陈遵妫旁边，见他谈得激动，满脸通红，生怕他血压升高发生不测，于是马上插话："天气预报说最近几天还要连降暴雨，陈老说的事太重要了，我同意。"许多人纷纷支持，很快就形成了一项集体提案。

当时主管科技文教的白介夫副市长也在场，他详细询问了情况。8月20日，白介夫批示："古观象台已倒塌，势在必修……"接着天文馆又上书有关领导督促占据古观象台的单位迅速迁出，以利于工程的进展。8月30日，北京天文馆紧急上书方毅副总理并转邓小平副主席，8月31日，邓小平副主席批示："请林乎加同志过问一下，为什么市物资局拒不执行指示，如情节严重，应追究责任。"这一批示下达后，在北京市领导的直接过问下，占房单位才陆续迁出北院。10月下旬先委托某部队抢修；10

月25号确定了古观象台的修复方案,主要是把城墙挖空改作两层展览厅等。1979年11月,决定由北京市房修二公司古建队负责修复古台。1980年1月,委托国家文物局保护科学研究所负责古台修复的工程设计工作。7月,由国家文物局拨款60万元支付修整费用。8月底,北京市有关单位讨论决定把古观象台做成空心,外观保持原样的修复方案,然后积极开工修建。

在1979年8月古观象台局部坍塌时,幸亏没有损伤到古代仪器,事件发生后,东侧的赤道经纬仪、纪限仪和地平经纬仪被迅速向西侧集中。到秋天,台上仪器又被搬到了台下,3年后才搬回原位,这是历史上古台天文仪器少有的变动。

1983年春天,修整一新的古观象台又重新对外开放了,并经国务院批准,被列为国家重点文物保护单位。世界著名的中国科技史专家李约瑟博士等人参观后对修整一新的古观象台赞不绝口。

1987年,北京出版了一本具有很高学术价值的大型彩印豪华图册《古都北京》的中英文本,其中以显著的篇幅刊登了北京古观象台和古老天文仪器的照片,向全世界展示了中华民族在科技和艺术上的成就。同一年,台北出版的著名科普期刊《牛顿》杂志第4期也以巨大篇幅,显著刊登了介绍北京古观象台的文章和彩色照片,宣称北京古观象台是"历史悠久,且富藏中国天文资料,足以傲视全世界的大型天文博物馆"。

北京古观象台是中西方文化交流的见证,它在历史上的特殊性,使它在国际上享有非常高的声誉,受到国际天文学界和科学界的极大关注。它不仅是中华民族文化的遗产,也是世界天文学史和文化交流史上独具特色的重要历史文物。遗憾的是,半个世纪以前南运的浑仪、简仪等名贵仪器没能回到台里,只在1996年复制成和古仪同样大小的模型代替陈列了。

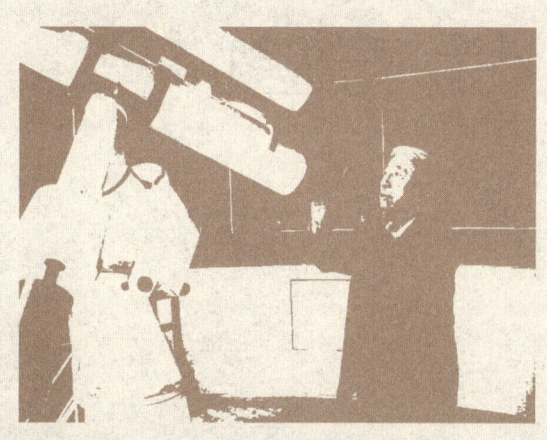

"文革"之后不久,他进入了中国科普研究所,开始从事专业科普研究工作。他大力引进西方国家科普杂志、书籍和各种读物;到国外进行科普考察;参与科普影视创作……他对这个时期的回忆勾勒出那时中国科普研究的基本状况。

第4章 在科普研究所

"文革"之后

访：您是何时平反的？平反后又做了哪些工作？

李：1978年夏，在大兴县召开了北京市科学技术大会，当时的北京市领导白介夫当场宣布给我正式平反。当时平反的人有很多。北京人民广播电台还采访我，录制播出了我控诉"四人帮"破坏天文科普行径的节目。从那以后，情况转变，我又可以继续搞科普了。但是"文革"后，我干科普的热情就和"文革"前不一样了，因为被极"左"思想笼罩，又经受了"文革"的冲击，我都不怎么敢干天文馆事业了，总是小心翼翼。

"四人帮"倒台后，我除了在天文馆的日常工作以外，还和全国科协普及部有很多联系，帮他们订购科普书刊。1978年，在上海举行了科普创作座谈会，我参与筹备那个大会，并在这个会上作了一篇关于外国科普书刊情况的汇报，领导很赞赏，让我做科普作协筹委会委员。后来在成立大会上我被选为理事，后来还担任过常务理事。上海科技出版社对我在会上的报告很重视，觉得将对他们日后的发展产生影响。我还推荐了很多好书给他们出版，比如我觉得美国的《生活自然文库》和《生活科学文库》特别好，想推荐给科技出版社出版，我就直接给邓小平打报告，邓小平批准让方毅副总理办。这两种文库共出版了30本，彩图丰富，得到了广泛赞誉。1978年底到1980年期间，在上海、北京、安徽三地（印刷厂在安徽）我又参加了《中国大百科全书·天文学》卷的编辑工作。《中国大百科全书》的编纂开始启动，这是国家的任务，下达到哪个单位，哪个单位就得参加，不能推辞。中国一直都没有这样一套反映现代知识的百科全书，《天文学》卷被选为第1卷编纂，我想大概是认为天文学与人事的关系少点的原因吧，因为"文革"十年浩劫牵扯的人和事问题太多了。

1978年8月，中国天文学会会员代表大会在上海举行。这是"文革"后的第一次大会，代表们忙着计划恢复停顿已久的科研、教学和普及工作，忙着进行学术交流，但是大会特意挤出一个下午请来一位天文界陌生的同志——姜椿芳（1912—1987）做报告，他的报告题目是"关于中国大百科全书"。姜椿芳是中共中央马克思列宁著作编译局副局长，参加组织领导过《马克思恩格斯全集》《列宁全集》《斯大林全集》的翻译工作和《毛泽东选集》及中央重要文件外文版的翻译出版工作，为党的理论宣传工作做出了很大的贡献。但是"文革"时这位老同志也难逃浩劫，被关押在秦城监狱达7年之久，7年来在狱中一直策划出版中国现代的百科全书。1975年当编译局的同志接他出狱时，还在途中的车上他就兴奋地谈论起编辑百科全书的设想。1978年，姜椿芳提出了《编辑出版中国大百科全书的建议》，1978年五六月间，他的建议得到党中央的批准，他以66岁的高龄，勇敢地挑起筹组中国大百科全书出版社和编辑出版大百科全书的重担。

7年的监狱生活,严重损害了姜椿芳的视力,所以他的报告没有讲稿,但是整个报告有条不紊,言辞流利,知识丰富,展现了他惊人的记忆力。他从什么是百科全书谈起,谈到中国历史上曾经有过的类似的丛书、辞书,但都不符合今天的要求,我们现在要编辑出版的是中国现代的大百科全书,这样的书国外已经出版了很多,但在中国还是空白。他谈到中国大百科全书出版社已经在北京成立了,上海还设有分社。初步设想出50卷,先按学科分卷,将来再按笔顺排列。每卷约百万字,每一条目约千字。编书的指导思想是:坚持马列主义与毛泽东思想,实事求是,百花齐放,百家争鸣。既要写世界的情况,也要写中国的成就。要组织约2万多人来写,推选适当的人写适当的条目。《天文学》是第1卷,且有5个学科同时并进。这一报告引起了代表们的热烈反响。经历了十年浩劫,停顿了近十年的业务,又要重新活跃起来了,大家没有不欢欣鼓舞的。

在姜椿芳的积极推动下,1978年11月,《天文学》卷的动员大会在北京西苑饭店举行。这次会议主要决定编委会的名单、分支学科编写组的人选、编辑部的组成,要为《天文学》卷搭起框架、拟定条目、推选或自报条目撰写人、确定编写进度和全书工作日程。会上一致通过由中国天文学会理事长、中国科学院紫金山天文台台长、学部委员张钰哲担任天文卷编委会主任,著名天文学家戴文赛、李珩、程茂兰、王绶琯为副主任。编委会由17个人组成,包括著名天文学家陈遵妫、叶叔华、陈彪、曲钦岳等,并设立综论、天文学史、理论天体物理、星系和宇宙学等12个分支学科编写组。以姜椿芳为总编辑,周志成为副总编辑,金常政、林盛然为责任编辑。会上初步拟定条目选题和撰稿人人选,最重要的是以适当的人选去写适当的条目,才能保证词条的质量,加快速度。

由于过去受"文革"极"左"思想影响太深，令人心有余悸，有些作者遇到敏感问题时就避而不谈，不敢下笔。1979年5月，在苏州东山举行了编稿、定稿工作会议，会上由各分支学科编写组汇报各学科稿件完成情况，讨论了编写中的难点。这次会议上明确了大百科全书的权威性、科学性、长期稳定性，该立传的科学家不论是去世的还是在世的，中国的还是外国的，不论其世界观和信仰如何，只要是在学术上被公认的名字就应该写。能够做到这一步，在当时也真算是不简单。因为《天文学》是第1卷，有形无形地会影响以后各卷，所以有关的编写原则必须是明确的。

访：您负责编辑什么内容？

李：《天文学》编辑部原来并没有我，后来我毛遂自荐，说我有大量的天文图片可以提供，张钰哲听了我的意见，就同意我参加，让我从事插图工作。我选择插图的标准是构图精美，讲究艺术性，又不单纯强调艺术美而损害科学性。我不论走到哪里，看到图片精美的天文知识宣传样本都要仔细研究，如果觉得有参考价值，就带回来。

苏州会议之后大约一年的时间里，各学科编委、编辑工作人员和作者密切合作，进一步修改并充实稿件，进行配图。插图小组分头跑到全国各地征借图片和现场摄影，那时我在北京、上海等地几头跑，经常到各处的图书馆、资料室查借图片。1980年7月，编辑部部分成员进驻黄山脚下的海峰印刷厂，这里最大的好处就是"与世隔绝"，没有干扰，可以安心投入工作。我们编辑小组经常保持10个人左右，监督彩图的制版、调色、印刷工序，在印刷厂领导和工人的全力协作下，一切进展顺利。

我们艰苦工作了3个多月，校样随到随看，插图不断改进，不论是彩色版还是普通版，都务求达到准确和美观的最佳效果。大概是8月份的一天，我们在山谷里突然听到从广播中传来姜椿芳、阎明复等中国大百科全书访美代表团成员在华盛顿接受美国新闻界采访的录音报道，就谈到了《天文学》卷的编写。我们听后心情十分激动，为能够参加第 1 卷的工作感到十分光荣。10 月份《天文学》卷正式付印，我们无限自豪。12 月，《中国大百科全书》第 1 卷《天文学》正式问世。这 16 开的精装巨著共 650 页，150 多万字，彩色图版 64 页，200 多幅插图，印刷精美，图文并茂，国内外学术界、出版界好评如潮。

《天文学》卷正文前有一篇综述《天文学》，由王绶琯执笔，精辟地论述了天文学的诞生和发展、在科学中的地位、天文学的特点、宇宙概况，最后描述了天文学的分支学科和它们之间的关系。这篇 8 页的文章，使人们对天文学这一学科有了一个明晰的概念。《天文学》卷中的条目和插图都充分反映了中国古今天文学的成就和面貌，这在国外版的百科全书中是没有的。

访：《天文学》卷编写得如此成功，外界是如何评论的呢？

李：《天文学》卷给《中国大百科全书》开了个好头，它是探索性的一卷，必然会起到样板和示范作用，事实证明它也确实起到了这种作用。通过编这本书我认识了很多人，扩大了交际面，对以后搞科普事业很有帮助。

著名英国科学家、中国科技史权威学者李约瑟在英国 1981 年 7 月 16 日出版的《自然》（Nature）杂志上对《天文学》卷给予了很高的评价："众多的照片和图表，质量之好令人称赞。集成插页装订于书中的彩色图片，质量亦佳。……书中还有大量展示中国古代天文仪器的插图和中国古书的插页，并附有很好的文字说明，但它们并不妨碍对最现代的理论和最新的知识进行阐释。最后，书中还附有中西命名的对照星图。"

美国加州大学天文学家道格拉斯·林（Dauglas Lin）在美国 1981 年

11月一期《科学》上撰文说:"总的来说这一卷书达到了很高的学术水平。……中国天文学史部分的资料最为丰富,撰写甚佳。……就我所知,近200幅彩色插图中的大多数,还是首次在中国的书中出现。"

日本东京天文台的香西洋树在1983年第1期《天文月报》上写了一篇长文评价《天文学》卷:"这是一部令人深感兴趣的读物……在了解中国天文学方面可以认为是非常有价值的参考书。"

在大百科全书出版社的一次配图工作会议上,秘书长阎明复说:"天文卷的配图之所以做得好,因为有李元同志。"当时大百科出版社里,把物色能够从事与各卷配图有关的专家合作戏称为"请李元",这是对我工作的肯定和鼓励,让我更有热情更有信心地投入到工作中去。

1993年,《中国大百科全书》74卷全部完成,开始发行,内容包括哲学、自然科学、社会科学等69个学科和知识门类,收录条目近8万,总字数1.25亿,插图4.9万多幅。

编完《天文学》卷后,1981年,我回到北京天文馆工作;到了1982年,我又到了科普研究所。

调入中国科普研究所

访:您为什么要离开北京天文馆,进入中国科普研究所工作?

李:中国科普研究所当时叫作"中国科普创作研究所",在20世纪80年代改名为"中国科普研究所"。这个研究所可能是世界上唯一的以研究科普为目的的研究所。我刚调进去的时候,主要以研究科普创作为主要任务,后来改名后研究范围就扩大了。

话还得从打倒"四人帮"之后说起。打倒"四人帮"以后，科学的文艺复兴时期开始了，各方面都恢复到蓬勃发展的状态。1978年某天，我接到一个会议通知，是中国科协恢复工作的座谈会，在北京饭店召开，科普界的与会者有章道义、陶世龙、自然博物馆古生物学家甄朔南和我，一共四个人。这个会召开以后，科协工作就开始恢复，继续开展工作了。

1978年5月，中国科协主办的"全国科普创作座谈会"在上海召开，许多科普作家都参加了，也来了许多科学家，大家都很感慨。因为自从"文革"开始，大家便再没有在一起开过会，有些人被打倒遣送到外地，还有人被迫放弃科学事业、科普事业，烧了好多年锅炉，这次才回来，真是恍如隔世，这次开会总算给大家提供了一次重聚的机会。会议由上海市副市长、全国科协副主席刘述周同志主持，会上形成了两个建议，即成立中国科普创作协会和中国科普创作研究所。我根据多年来对欧美、日本及苏联科普出版物的实地阅览调研成果，在会上作了40多分钟的《外国科普书刊出版情况》的长篇发言，科协的领导非常重视，在会上指定我为科普作协筹委会委员，成为协会成立后的理事会成员及协会中的外国科普作品研究会的副主任委员。

这次大会是科普界思想解放的大会、团结的大会、重新恢复科普事业的大会，会上讨论成立中国科普创作研究所和中国科普创作协会，这两家单位是两块牌子，同一批人马。科普所是由高士其（1905—1988）提议的，上报给了方毅副总理，报给邓小平批示的。

中国科普创作研究所成立后，需设一个外国科普研究室，主要从事外国科普事业的调研，章道义同志征询我是否愿意担任这方面工作，我欣然同意。我是从科普工作中成长起来的科普工作者，对科普工作本身的人和事，科学本身的魅力和趣味比较看重，不大注意理论的探讨。我对国内外科普书刊的出版、科学家的科学活动与科普工作、科学机构与科普机构，比如博物馆、科技馆、天文馆、展览馆、博览会等特别关注；对国内外科普发展的过去和现在也很感兴趣。从事外国科普事业的调研，是我多年的愿望，是洋为中用。了解外国，正是要借鉴和利用他们的经验来发展我国的科普事业。我欣然同意了章道义的提议，于是他就把我调到了科普所。1982年我由北京天文馆正式调到中国科协所属的中国科普创作研究所，到1989年离休，共工作了8年。我去科普所有两个原因，一个是工作上的需要，科普所需要我这样的人；第二个原因，是因为天文馆的极"左"思想还没有消除，我不愿意在那里待了，在那里待得我心里很不痛快，北京有句俗话说"此处不留爷，自有留爷处"，于是我就去了科普所。

科普所是我从事科普事业的重要阶段，它使我的科普工作领域更加宽广，眼界更加开阔，思想水平更加提高，经验更加丰富，工作更加熟练，热情更加高涨，对科普工作的认识更加深刻，与科学界、科普界的关系更加密切，与国际上的交流更加广泛。

访：中国科普作协是中国比较重要的科普组织，您亲自参加了这个组织的成立过程。请介绍一下您的亲历过程。

李：1978年在上海举行的科普创作座谈会是"文革"后科普界的一次大聚会，大家畅所欲言，对今后的科普创作工作提出了许多建议和希望。特别提出了应该成立一个科普创作的组织。一时间许多出版社纷纷前来约稿，这是多年来未见的大好形势。座谈会结束不久，全国科协（后改名为中国科协）就决定筹建中国科普创作协会，我也被指定为筹委之一。1979年8月，中国科普创作协会在北京正式成立，在崇文门饭店开的会。协会下设基础科学、科学文艺、科学美术、少儿科普、科普新闻、公交科普、医药卫生、军事科普和外国科普翻译等十多个专业委员会展开工作。

那个时候科普创作协会挂靠在中国科普创作研究所,后来分开过,现在又合并了。协会还正式出版了《科普创作》期刊,刚开始的时候是公开发行,后来改为内部发行了。

科普作协和科普创作研究所成立后,合作在浙江宁波召开了"科普创作讲习班",全国各地的科普工作人员在班上学习交流。由章道义、王麦林等十多位同志担任主讲老师,我也参加讲课。讲习班结束后,出版了《公众科普佳作选》《少年科普佳作选》《儿童科普佳作选》《新闻科普佳作选》等书,科普作协和科普研究所还合作编写了两本书,分别是《科普创作概论》和《科普编辑概论》,由北京大学出版社出版。我到科普所工作后,参与了《科普创作概论》的编写,这本书由章道义、陶世龙、郭正谊主编,我与著名科普翻译家符其珣①负责该书最后一章《外国科普图书的引进和翻译》的写作,我写了关于外国科普图书的介绍。1983年9月《科普创作概论》出版。

引进国外优秀科普读物和开展国际交流

访:您在科普所主要做什么工作?有没有印象特别深刻的事情?

李:到了科普所,我被分配在外国科普研究室工作,担任主任,所里让我在引进外国科普著作的工作上发挥作用,正好我在这方面也有一些想法和经验,就干了下来。我最关注的是国内外科普书刊的出版、科学家的科学活动与科普工作、科学机构与科普机构、国内外科普事业的历史。我

---

① 符其珣(1918—1987),俄文翻译家,翻译了许多苏联技术书籍,多数译著在机械工业出版社出版。从事科普翻译工作达50年,共译书26种,如《趣味物理学》《趣味几何学》《趣味力学》等。

在调研工作的基础上，写了相当数量的综述和评介，并组织翻译了《科学与怪异》①。此外，我还积极引进日本的科普杂志 Newton（《牛顿》），举办纪念苏联科普作家伊林和别莱利曼的活动，在国内报章上宣传1985年举办的日本科学万博会，编绘《哈雷彗星》科普挂图。我也和日本同行一起在平遥古城观测日食，还去德国考察过德国的科普工作。

李元在研究天文图片资料（1984年）

访：《科学与怪异》这本书讲的是什么？

李：即使在经济相对发达、科学比较普及的国家，洋迷信和伪科学依然十分猖獗，随着改革开放，这些洋迷信、伪科学也纷纷进入我国文化领域。《科学与怪异》是美国数名科学家和有名的科普作家联合起来出版的，原名叫《科学与异常》，1981年在纽约出版。他们在书中首次对一些超自然现象进行了科学的分析。美国科学促进会（AAAS, American Association for the Advancement of Science）的评论期刊《科学图书和影片》（Science Books and Films），曾将此书列为重点推荐书。我每个月都要去北京图书馆看科技新书展览，所以我了解国际上都有哪些重要的科普书。当我拿起这

---

① ［美］阿贝尔（G. O. Abell）等著，中国科普研究所组译：《科学与怪异》。上海：上海科学技术出版社，1989年。

本书一翻，发现它非常重要，什么是科学，什么是迷信，在书里写得很清楚。比如当时耳朵识字等特异功能在我国盛行，该书从科学的角度分析解读这些特异功能，从而有力地批驳了种种奇谈怪论。后来我发动科普界的老同志来翻译，于1989年由上海科技出版社出版。后来，台湾科普界看到我们出了这本书，联系我们又出了台湾版。北京的宝文堂书店也另出了翻译版。

访：日本 Newton 杂志是本什么样的杂志？

李：1981年7月，日本诞生了一本图解科普大刊，起名 Newton，这是一本每期有150页左右的大16开（国际规格）、全部铜版纸彩印的大刊，以红苹果图案为标记。每期发行40万份，居日本科学杂志之首。它内容丰富，选题广泛，既注意基础科学介绍，又紧跟科技发展的脚步，随时代而前进。我从别人的文章里了解到这份杂志，便找来几本翻阅，顿时产生了强烈的认同感，认为这才是能充分反映现代科技面貌的科普期刊，超过了我以往看到的国内外其他科普期刊。可以说我深深地迷恋上了这本杂志，心想，如果我国也能有这样一本杂志该有多好啊，即使没有自己出版的，能出 Newton 中文版也是很好的事情啊。我决心先研究它分析它，再介绍它宣传它，最后再把它移植到中华大地上，以提高并推动我国的科普事业的发展。于是我写了好几篇推介文章在国内报刊上发表，为中文版的出版铺平道路。我用"Newton《牛顿》杂志——科普期刊的超新星"为题撰文发表在《知识就是力量》杂志上。后来，我给 Newton 主编竹内均写信，表达了我对杂志的喜爱之情，并把刊登有我文章的《知识就是力量》杂志寄给了他。他们和我建立了联系，感谢我在中国大陆对他们的宣传，承诺以后每期都会寄给我一本。

访：您曾在国内大力宣传日本科普杂志 Newton，想把它引入中国，为什么您如此致力于此事？与众多科普期刊相比，Newton 杂志有哪些不同？

李：Newton 特色鲜明，引人入胜，我认为，它的特色在于这么几个方面：

首先，它很"美"，艺术性很强。以图解为主，本着图先文后的原则。图约占总版面的 2/3，每期约 8 万字。图片的设计绘制和照片的选择很考究，印刷十分漂亮。它的封面也很引人注目，在鲜红的边框中，衬托出洁白的"Newton"刊名，对比特别鲜明，大约 4/5 的版面为彩色图照和本期要目。在刊名下印有一排小字"Graphic Science Magazine"（图解科学杂志）。杂志长 275 毫米，宽 210 毫米，全部用高级铜版纸彩色印刷，每期 142 页，有时还达到 150 页。1985 年 5 月的临时增刊《1985 年筑波国际科技博览会》竟多达 276 页！由于它篇幅多，容纳的信息和图文就很丰富。每期有一篇精心编写的重点文章名为《牛顿特写》，往往占用几十页，"大特写"可以占用 100 多页；还有各科专家写的一流文章，用的是一流图解和照片，实际上相当于一本科学图册。"镜头和焦点"是比"牛顿特写"小的专栏，一般有 15 页左右。每期必有竹内均本人编写的"地理"专栏，用大量图片和照片报道某一国家或某一城市，很受欢迎。每期也必有一篇科技名人传略，配有整幅照片或画像，多为彩色，这在科学期刊中独一无二。此外，还有众多栏目，比如"科技新闻""超级图像""每月星空天象""当代科学""牛顿信息""读者来信""作者简介""主编的话"等。每期杂志都有 100 多幅图片照片，有时一幅重要照片能用 3~4 页整版刊登，十分豪华。每季度还附有一大张精美的彩色挂图，可以供学校教室展览之用。

其次，它很"精"，资料精选，质量第一。竹内均在创刊 10 年前就精心策划，想把它办成像美国《国家地理》那样的杂志。Newton 提供了更广泛的科学和技术知识。为了图文质量,很多稿件早在一年前就准备好,许多都是现场采访的第一手资料。例如,为了编好航天飞机专辑(1981年第10期),主编还特意去美国国家宇航局采访。

再次,它很"全",内容全面,科目完备。内容包括自然科学的方方面面,也包括人文、社会、文化、艺术方面的作品。它比较偏重于宇宙科学、地球科学、生命科学、科技史话、科技人物等。常常刊登某一方面的综述性和回顾性的文章,能适合各方面读者的需要。

第四,它很"新",以最快的速度来传递和普及科技信息。具体表现在它知识新、信息新、图片新、格式新,它的内容始终追踪着重大科技发展的步伐。1981年航天飞机首次飞行成功,半年之后,Newton 在第10期编了长达96页的大特写《航天飞机》,引起巨大反响。1981年也是行星科学进入新时代的一年,Newton 对"旅行者号"行星探测器所获得的新进展、新资料进行了及时的大量报道。日本的第三代计算机计划是在 Newton 创刊后第二年开始的,并从此开始了欧美和日本的下一代计算机竞争。这些内容都在该刊物里得到了及时的反映。而且,刊物上许多精美的图片,是用计算机新技术做出来的,让读者直接享受到了这些新技术的成果。Newton 总是将基础科学的最新研究成果抢先传递给它的读者。

第五,它将科学、文化与艺术有机融合。它在科技文章中插入相关艺术作品,最有代表性的是在每月一篇的天象图说中插入星座和神话,以及绘画大师以希腊神话为内容的艺术名作,如《银河的起源》《丽达与天鹅》等,使刊物更加生动活泼、绚丽多彩。

Newton 每一季度随刊赠送一幅彩色挂图,具有极高的科学教育价值。新年的一幅总是一份年历,充满科技与自然情趣,用纸好,印刷精,面积大,图版美。

访：台湾也有本《牛顿》杂志，它和日本的 Newton 有关系吗？

李：有密切关系。台湾《牛顿》杂志（中文国际版）是 1983 年 5 月在台北出版的，它是第一本中文全彩色的综合性科普杂志。主要根据日本 Newton 翻译出版，拥有日文原刊的一切优点和特点，但也增加了若干中文版自编的图文，有自己独立性的一面。例如 1993 年 5 月，为纪念创刊 10 周年出版的《台湾》特辑，其中 126 页介绍了台湾的自然界。在台湾《牛顿》杂志创刊之前，曾编印过中文版样本，经日方同意后才正式出版。中文版的封面是压膜的，比日文版更有光泽。

《牛顿》杂志大部分内容根据日本版编排，但并不是完全照搬，而是从适合中国读者的情况出发，重新选择内容编排。它经常刊登中国的科技发展、祖国风光和中华历史。

中文版《牛顿》杂志在创刊之初曾发表了一篇极为精彩的采访，名为《〈牛顿〉，科学杂志的新里程碑》，编者在前言中写道："1981 年 7 月《牛顿》杂志在日本创刊，教育界产生回响，传播界受到震荡，商界为之侧目，整个气氛似乎进入到一种科技的热潮中。这本当前世界最高制作水准的大众科学杂志，它的外语版优先以中文出现。在发行中文国际版之前，中国名记者兼作家李嘉先生特地走访了《牛顿》杂志日文版总编辑、地球物理学家竹内均先生。他们的访谈录极为精彩，就《牛顿》杂志的源起背景、现况、未来及发行中文国际版的意义，作了深入的探索和介绍。整篇文字洋溢着以科技寻求出路的苦心期盼。"

访：虽然您做了很多努力，但是，中国大陆引进 Newton 杂志了吗？

李：作为一本科普杂志，《牛顿》杂志的发展壮大也并非一件容易的事情。在市场经济的激烈竞争中，民间科普事业在困难中求生存，但是《牛顿》杂志一贯以高质量问世，当时在台湾已经是一流的杂志了。这全

靠有识之士的不断努力。

我们引进这本杂志的工作是从台湾开始的。台湾出品的《牛顿》杂志被称为中文国际版。日本 Newton 杂志社想和祖国大陆联系，合作出版中文简体版。因为他们知道我对杂志比较了解，也在国内做了许多宣传，于是找我商谈此事。他们想和人民画报社联系，商议互换版权。因为 Newton 以图为主，《人民画报》主要以出版彩色图片为主，其他出版社多是出版文字图书，当时也只有《人民画报》可以承担起和 Newton 的合作。我知道后，1986 年就主动同人民画报社联系，告诉他们我对 Newton 的研究，他们就请我参与出版筹备工作，科普研究所也同意我参与。我向出版社借了间办公室，在那里待了 3 个月。但是后来这件事没有被某个领导批准，出版计划一时搁浅。虽然中文简体版没有出成，但是我和人民画报社一直保持着联系，我写了若干篇介绍 Newton 的文章，不断宣传推广它，在国内产生了一定的影响，虽然没有出成中文简体版，但是把意大利版引进过来了。

1999 年，经过多方筹措，Newton 中文简体版终于出版了，书名叫作《Newton 科学世界》，是大开本的全彩色杂志。新书发布会在长城饭店举行，大家认为我是中文简体版的开拓者和推动者，因此我作为贵宾受邀出席。看到自己呼吁多年的刊物终于出版了，我心情十分舒畅。后来，由于经营问题，杂志出现了危机，由中科院接管，交给科学出版社出版，原有的参与引进工作的人员离开了杂志。科学出版社与日本建立合作，停止了欧洲版的引进，直接引进日本的版权。现在由科学出版社出版的《Newton 科学世界》月刊，是我国最好的科普期刊之一。

访：前面您还提到为苏联科普作家伊林和别莱利曼举办纪念活动，您为什么会热心于此呢？

李：苏联的科普工作有它的光荣传统和特色。新中国建立几十年来，苏联对我国的科普创作和科普工作有着非常大的影响，从20世纪30年代以来，苏联就非常流行趣味科学读物，其中以伊林、别莱利曼、费尔斯曼等人的作品流传最广，备受欢迎。伊林的特色是用诗一般的语言来写科普，著名的科普读物《十万个为什么》《人和自然》等都是他写的；别莱利曼写了许多趣味科学读物；费尔斯曼擅长写地质旅行体裁的作品；比安基的作品大多是科学童话。中国科普界那时以苏联的科普书籍作为榜样。

1983年是苏联著名科普作家伊林逝世30周年，虽然那时中苏关系已转冷淡，但是为了在学术上纪念伊林，中国科普作协和中苏友协联合举办了一次纪念会，科普所的外国科普研究室积极参与其中。我和齐仲、符其珣做了大量筹办工作。这也是"文革"之后第一次举办国际性的科普活动，在此前后我们也在报刊上发表了纪念伊林和别莱利曼的文章。

访：那时您还参加了其他哪些活动？

李：1985年在日本东京举办了盛大的科学万国博览会，这是距离我国最近的一次国际科学博览会，是我们科普工作者学习现代科技普及形式和手法的一次好机会。当时我和日本朝日新闻社科学部部长、著名科学作家木村繁取得联系，承他热心帮助，在开幕之前我就得到了博览会寄来的许多资料，得以了解这次博览会丰富的科技内容和高科技的演示手段，对此我在国内报刊上作了相应的宣传。

每隔76年回归一次的哈雷彗星于1985—1986年又回到地球上空，这是全世界的新闻热点、科学焦点。当时介绍哈雷彗星的文章、科普书已经纷纷问世，而我却走了另外一条路——我用有关图片资料以中国科普研究所的名义编制了两张彩色科普挂图，取名《哈雷彗星》，在编制过程中，得到了科普美术家孙联生的帮助,由中国科协印制了10万份免费发放全国各地,收到了简明易懂、生动直观的效果。

1987年9月23日,在我国一些地区可以看到日环食。我国的科学观测与科普观测多选在上海市和河南安阳、山西太原、平遥等地。我和北京天文馆的卞德培以及著名日本天文科普作家藤井旭等三位日本朋友组成中日日环食观测队,前往平遥古城观测日食,由于天公作美,观测和拍摄圆满完成。后来这次日环食的美丽照片分别在日本和中国的天文杂志上发表。

1989年10月,世界科学促进会在德国西柏林和汉诺威召开,中国科协派了国际部的一名同志前往,科普所派了我前往联邦德国(西德)出席大会。那时对出国的审查很严格,要求出国参会的人员在短期内写出一篇论文,并具有英语交流的能力。我从来没有出过国,且有一定的英语水平,所以科普所就派我去了。我准备了《中国的科普工作》一文,备有中英文稿,带到汉诺威会场,被广泛散发。这是我第一次出国参加国际会议,它为我后来的国际交流积累了经验。在会上,我和国外科普界的人士进行了接触。会后,利用休息时间自己联系并走访了东、西柏林的两座天文台和天文馆,进行了科普交流。以前我筹建北京天文馆时,和德国的信件往来内容都是索要资料、订购仪器,这次总算是亲眼见到德国的天文馆了。本来那时我很想趁便去莫斯科访问一下,看看那里的天文馆,但是当时限制十分严格,我票都买好了,但是没有行动的自由,只好作罢。回国后,我在《科普创作》等刊物上发表了《访德散记》《在柏林墙的两边》《两访柏林天文馆》等文章。

德国之行我先到了民主德国的东柏林然后再去西柏林,在汉诺威开会期间还参观了著名科学家莱布尼茨的藏书室,一睹当年他和牛顿的书信手稿；还看到了他用过的大地球仪；在一个大玻璃柜内展开陈列着报纸大小、很可能是一套 Bayer 或 Bode 的大本星图。我真恨不得打开看个究竟。

我利用会议间隙闪电式地访问了东、西柏林的两座天文馆。当他们得知我是北京天文馆的创始人时，表现了极友好的热情。我既参观了仪器也看了表演，还获赠了许多书刊。西柏林天文馆建立在一座小山丘下，山丘上是一座天文台，有3个观测室，其中一个装有30厘米的折射望远镜（焦距5米），是当时相当好的天文望远镜，天文馆安装有西德蔡司厂制的天象仪。我去时正值这家天文台欢度其百岁生日。

我是从东柏林乘机回国的。在那里时间稍有富余，因此得以两次访问东柏林天文馆，当时也正值其建馆两周年。我在北京时就与他们约好来访，所以一切更顺利。东柏林的天文馆建筑比西柏林馆要宏伟很多，一切都很现代化。我在天象厅中观看了"2015年飞往火星"，精彩的表演带给我一次梦幻般的火星之旅。我还了解到，二战后著名的蔡司光学厂分成了东西两个厂，竞争还甚为激烈。1954年我在筹建北京天文馆时亲手订购了东德蔡司天象仪，至今这里还有厂方的办公室，多年函电交往今朝相会自然十分愉快。临别时汽车已经开动，但是墙面上的一排字给我留下了难忘的印象——"Zeiss-Gross Planetarium Berlin"（柏林蔡司大天文馆）。

美国国家地理学会与《国家地理》

访：除了引介日本优秀的科普杂志外，我看到您也写了不少介绍美国科普状况的文章，比如您曾撰写多篇研究和介绍美国国家地理学会的文章，能不能谈谈您的研究？

李：1888年1月27日，美国国家地理学会（NGS，National Geographic Society）成立，100多年后，它成为世界上最大的不以赢利为目的的科学和教育团体。在全世界的许多学会中，它的会员人数之多、活动内容之好、社会影响之大，令人赞叹。它进行的科学普及和学术活动，已经超出了以往人们对"地理"所持的狭隘概念，而是最广泛地涉及从自然科学到社会科学的整个科学文化领域。我一直非常关注美国国家地理学会的活动，特别喜欢《国家地理》月刊，想学习、借鉴他们的成功经验，期望中国也能出现这样优秀的科普杂志，所以写了一些研究文章。

> 《国家地理》（National Geographic）月刊创刊于1888年10月，最初貌不惊人，仅印1 000册，并不为人重视。后来经过第二任会长、电话发明人贝尔的革新，它逐渐变为一本图文并茂、广泛报道世界事物的画刊，驰名全球，成为人们瞭望世界的窗口，印数最高时达到千万册以上。从1918年起，印刷大幅彩色地图和科学挂图随刊赠送。从1962年起，成为全彩色印刷的期刊，其品质在全世界的杂志中名列前茅。以杏黄色边框为特色的封面，已经成为美国国家地理学会的特有标志。《国家地理》是一个了解世界和世界人民的可信赖的信息源，举世公认。

早在20世纪40年代的抗日战争时期，我偶然看到了《国家地理》月刊，发现它内容丰富，包罗万象，图片精美，让人爱不释手，产生了强烈的兴趣。后来，我在南京紫金山天文台的图书馆和中央研究院地球物理所的图书馆里又发现了这份杂志，在上海的旧书店也可以买到不少，就这样，大概搜罗了几百本。这份杂志图片极多极好，天文地理无所不包，对于搞科普的人来说,非常值得参考。它就像一个巨大的知识宝库,我从中得到了许多有益的资料,大大开拓了眼界。我曾说:"如果外星人来到地球,想了解地球的话,给他看这份杂志就最好了。"

新中国成立后,由于政治原因,这份杂志一般不对外借阅,也不允许私人订阅,除非公家订阅。改革开放以后才放开,允许私人订阅了,但价钱比较昂贵,我是发现哪里有就在哪里看。

美国国家地理学会的重点工作之一,是对青少年的地理教育和科学普及。从1919年起,出版了《国家地理》的学校版,后来发展成1975年专为少年读者创刊的《国家地理世界》月刊,每期印数达百万册。此外,还为广大青少年编印了大量课外科普读物、图册、幻灯片、电影片、电视片等。

国家地理学会还资助大量科学考察和探险活动。从1890年以来,他们资助了数千个研究和探险项目,领域十分广阔。学会的研究考察委员会由杰出的专家组成,他们评价和批准研究计划,提供每年约300万到500万美元的资助,几百位科学家从中受益。例如积极支持古士托的海洋研究,拍摄了大量珍贵的海底照片和著名影片《静静的世界》,积极支持珍妮·古道尔(J. Goodall)和黛安·福西(D. Fossey)对黑猩猩的研究等。除此之外,学会还长期致力于环境保护运动。

《国家地理》严谨的治学态度也令人崇敬,为了一篇图文并茂的文章,他们不惜跑遍全球,实地考察,拍摄大量照片,以便精选。他们的足迹遍布世界各地,对自然界和人文历史进行了广泛的探险、考察和研究,贡献巨大,这一特色是其他学术团体所不具备的。他们对每篇文章的要求和选择是慎重和严格的,尽管题材广泛,作者众多,但所发表的文章都必须反映作者"个人亲身的经验",所以文章大都是第一手材料,既生动又真实,带有权威性，得到了读者的重视和信赖。

《国家地理》杂志还是一座巨大的图片库，不论是科学家还是艺术家，都可以从中查找到他们需要的资料。杂志里的许多图片具有长期参考价值。每两个月还随刊附赠一大幅精美的专题地图或专题图片，有不少已成为科普教学上很好的挂图。

1975年，国家地理学会开始了面向大众的科学普及教学方面的电视片制作和播映工作，这也是《国家地理》杂志的延伸。这些年在国内看到的《神奇的地球》专栏电视片大多是美国国家地理学会拍摄的，不论是从科学内容还是艺术手法上都引人入胜。

我觉得美国国家地理学会及其出版物实在是有太多有益的经验值得国内学习，于是写了两篇长文进行宣传。一篇是1983年写的《从1 000册到1 100万册》，刊登在上海科普创作协会编辑的《魅力》杂志上，介绍了《国家地理》杂志的历史。另一篇是1988年写的《通向世界的窗口——美国国家地理学会百年史话》，刊登在《科技日报》上，介绍了《国家地理》杂志的特色，还得了个上海科普作协科普征文二等奖。我先后在《科技日报》上发表了4篇连载，介绍了美国国家地理学会100年来的成就，涉及杂志、其他出版物、科研工作、地理探险等方面。该学会出了四种各有特色的杂志——《国家地理》《旅行家》《研究》《世界》，其中《世界》是面向青少年的。

我一方面持续阅读美国国家地理学会的出版物，一方面与他们信件交流，收到了他们寄给我的许多资料。1988年是美国国家地理学会成立100周年，《国家地理》杂志社派人来北京与中国地图出版社交流，科普所派我同来人在中国地图出版社会面。来人看了我写的研究文章后非常高兴，送了我一本大书，叫作《探索与发现的100年》，是学会100周年的纪念文集,介绍了学会成立100年来的情况。本来我很想把这本书翻译成中文,但是工作量过于繁大,于是作罢。1995年我访美时,还专门去过美国国家地理学会。

《国家地理》杂志对我国的科普出版物产生了积极的影响。《地理知识》原是中科院地理研究所主编的杂志,20世纪80年代时他们读到了我研究美国国家地理学会的文章,就来我家拜访,请我到编辑部给他们讲课,详细介绍美国《国家地理》杂志的特色,还在《地理知识》上刊登我的文章。后来,编辑部借鉴了美国《国家地理》的成功经验,把《地理知识》改版为《中国国家地理》月刊,受到亚洲地区读者的广泛欢迎,目前已经出版了繁体字版和其他版本。国内还有本杂志叫作《华夏地理》,其中一部分内容就是和美国国家地理学会合作的。目前台湾有美国《国家地理》的中文全译本,祖国大陆还没有。

美国科普文化之旅

访:从1996年起,您撰写了大量介绍美国科普工作的文章,对我国的科普工作很有借鉴意义,请讲一讲这方面的情况。

李:我儿子在美国工作,1995年3月我去美国看望他,另外我在美国还有不少亲戚朋友。虽然这次出行的目的是以探亲、访友、观光为主,但是我给自己定下了任务:尽可能地对美国的科普文化进行广泛的考察。所以实际上此行可以称得上是我的一次科普之旅了。

我到美国后,先在旧金山一带旅行,又去了奥斯汀、华盛顿、波士顿、纽约等地参观博物馆、天文台等科研和科普机构。美国的这些机构十分发达，令我感触非常深，我收集了许多资料，回来后先后写了50多篇访美见闻，刊登在《知识就是力量》等一些科普杂志上。

我们先从历史谈起吧。新中国成立后一段时期，由于政治原因，和苏联打交道相对容易些，而与美国打交道不是很容易，和其他欧洲国家联系也不是很方便。即使是与东欧国家打交道，比如在天文馆时，我向民主德国了解天象仪的信件往来和所有资料，领导都要翻看，看会不会有什么政治问题。所以那时候是根本不敢谈美国的，但是我一直比较关注美国的科普工作情况。我有许多亲戚朋友在美国，能帮助我了解美国的科普状况，所以1978年在上海举行的"全国科普座谈会"上，我能讲出一大堆美国科普书籍的情况，因为我读过，都了解。也正因为我了解，所以对这次访美之行，我胸有成竹，该去哪里不去哪里心中都有数，用不着别人介绍。我不是单纯为了游乐去的，我瞄准的是美国的科普工作是怎么搞的，科普场馆是怎么建设的。

在美国大概一年的时间里，我把各地方的情况都了解得清清楚楚，搜集了好多资料。我去天文馆、天文台、博物馆参观，去社区图书馆、大学图书馆甚至国会图书馆等各种图书馆查阅资料。讲件有趣的事，我曾专门去国会图书馆查找世界古代星图，由于时间不够，一时不易找到，我很有些发愁。我想，这么久远而庞杂的资料，我初来乍到几天，怎么才能找到呢？从国会图书馆出来后，我想去大书店逛逛看有什么好书，进到书店里，一抬头就看见了国会图书馆编印的《世界古代星图月历》，12美元一本，这真是"踏破铁鞋无觅处，得来全不费工夫"，我立刻买了两本，一本自己留着，另一本送给了日本同行藤井旭，因为他也很想要这个资料，但是在日本买不到。这件事也让我体会到，只有做个有心人，才能碰到好机会，如果没心，机会到你面前你都抓不住。

我在美国重点参观的几个地方有：帕洛马天文台（Palomar Observatory）、洛杉矶的格里菲斯天文台（Griffith Observatory）、国际小行星中心（Minor Planet Center）、美国国家自然博物馆（National Museum of Natural History）、历史博物馆（National Museum of American History）、宇航博物馆（National Air and Space Museum）、美国自然历史博物馆（American Museum of Natural History）、华盛顿国家动物园（National Zoological Park）、佛罗里达州的迪士尼世界（Walt Disney World）。

帕洛马天文台　我到达美国后，第一个访问的天文科学圣地是位于美国西海岸加利福尼亚州南部的帕洛马天文台，它是我几十年来向往已久的地方。帕洛马天文台海拔高度约 2 000 米，进入天文台，首先来到一间科普大厅，四周挂满了由帕洛马天文台口径 5 米的望远镜拍摄的绚丽多姿的天体照片，展示了宇宙的壮丽景象。还有不少图片是介绍这架大望远镜的构造和使用方法的。中央的屏幕上放映的是帕洛马天文台的历史，由著名天文科普专家穆尔（Patrick Moore）讲解。他几十年来在 BBC 电台上播讲《天方夜谈》（*The Sky at Night*）节目，是英国家喻户晓的天文明星。在这间大厅先接受科普教育再去看天文台的望远镜才容易弄明白。

天文台口径 5 米的望远镜圆顶观测直径 45 米，高 45 米，观测室圆顶比北京天文馆的 25 米直径的圆顶大了几乎一倍，足有 12 层楼那么高。进门便可以看到该台创始人海尔（G. Hale，1868—1938）的铜像，上面刻铸着这样的话：200 英寸望远镜是以海尔命名的，他的远见卓识和领导才能使它成为现实。

看完铜像后就进入了一条参观走廊，在这里能看到这架观天巨镜。这台望远镜反射镜镜面直径 5 米，反射镜镜面重量 15 吨，镜身重量 500 吨，转动望远镜的电动机只需 60 多瓦特，镜面的聚光能力相当于 100 多万只人眼，可以看到2 000多千米处的烛光，如同从北京能看到海南岛上的烛光一样。整个望远镜由一个巨大的马蹄形钢座支撑着，可以向各处灵活转动，指向星空中的天体。观测时按动电钮，打开天窗，对准目标就可以观测了。用大望远镜观测星空，不是用眼睛去看，而是给天体拍照片。因为被拍对象十分遥远，所以光度微弱，有时拍照需要几个小时甚至十几个小时的曝光。天文学家通过天体照片来进行探讨和研究工作。

离这个巨型望远镜不远的地方有一个比较小的圆顶观测室，直径只有15米，内装一台口径1.2米的施密特照相望远镜。这架望远镜好比一架广角大照相机，用它可以拍摄大范围的星区照片，如果有所发现，就再用5米镜去对准小范围内的天区进行深入研究。由美国国家地理学会赞助，科学家曾经用这架口径1.2米的望远镜拍摄了巡天星图，拍摄到的恒星和其他天体达5亿之多，成为当代最有用的摄影星图。

天文台还有一架口径45厘米的施密特望远镜，圆顶直径只有5米，1935年便已在天文台落户了。著名的地质天文学家苏梅克夫妇就是用这架望远镜，和利维（David Levy）共同发现了1994年7月和木星相撞的苏梅克-利维9号彗星。

洛杉矶的格里菲斯天文台 我去的第二个天文台是洛杉矶的天文台，是我返回旧金山的途中参观的。它坐落在好莱坞影城对面的小山上，用捐赠者的名字命名，叫作格里菲斯天文台。它由五大部分组成：门厅、展示厅、太阳望远镜室、折射望远镜室、天象厅。天象厅圆顶是三个圆顶中最大的，直径25米，工作人员在这里向几百位观众表演星空。在离天文台不远的山麓，有一个半球形建筑，这是一家著名的露天音乐厅。这两个半球形建筑相映成趣，既向大众传播了科学，又传播了艺术，起到了很好的天文普及效果。这里有一架30厘米的折射望远镜是供广大群众在晴夜观测星月的,它是科普场馆里同类型的望远镜中最大最好的一种。太阳望远镜可以在展厅里投射当天看到的太阳影像,让人们细致观测太阳黑子和其他太阳活动现象。门厅里的长摆显示地球的自转规律,顶部和四周有科学史壁画,展厅里有物理学、地质学和天文学方面的模型和表演。门外广场上有哥白尼等六位天文学家的塑像塔碑,塔南还有一个日晷。格里菲斯天文台实际上是一个集天文台、天文馆、科学馆三位一体的机构,是非常好的科普基地。

帕洛马天文台主要用于科学研究,但兼顾科普;洛杉矶天文台主要是从事科普,但也兼顾科研。两个台互相配合,为科研和科普事业做出了巨大贡献。

访:这两所天文台的资金从哪里来?

李:都是由亿万富翁捐赠建造的,并不是政府投资。我真希望中国的富有者也能为科学事业和科普事业多做贡献,这是功在当代、流芳百世、惠及人类的行为。

访:除了天文台,您还访问了什么地方?

李:我访问了国际小行星中心。当时国际小行星中心设在哈佛大学的天文台里。哈佛大学天文台和史密松天体物理台于1973年正式建立联合机构,即哈佛-史密松天体物理中心(Harvard-Smithsonian Center for Astrophysics)。我从过去的天文杂志上得知,在20世纪40年代,国际小行星中心的出版物《小行星通报》曾由俄亥俄州的辛辛那提天文台负责出版。数年后,国际天文学联合会把小行星中心迁到哈佛大学,落脚在这个天文台。

国际小行星中心最重要的是它的资料库,现在世界上所有小行星资料全部汇集到了这里。这里的天文学家进行小行星的观测、发现、计算和研究，并对世界上已经发现的小行星建立历史资料和科学资料档案、编号、命名，确定轨道的各种数据，以及对新发现的小行星核实是否是重复的发现，并且要审核发现人对小行星命名的申请书，确认为什么要用这个名字命名。如果遇到较大的问题，还是需要听取小行星命名委员会的讨论意见，最后才能发布《小行星通报》，将新命名的小行星及被新命名者的有关情况加以介绍。

任何国家任何人发现的小行星，都必须通过国际小行星中心这一国际通道才能为世界承认。新中国成立以来，我国小行星科学得到了很大的发展，先后有紫金山天文台和北京天文台成为中国研究和发现小行星的两大中心。我国已经拥有上百颗小行星的命名权，已经命名的数以百计，主要是以地名和古今著名天文学家、科学家名字命名的。

访：刚才您主要谈了对天文科研和科普场馆的考察，请再介绍一下美国博物馆发挥科普功能方面的情况。

李：我在美国参观了好几个博物馆。首都华盛顿的一大特色就是拥有庞大的博物馆群。从美国国会大厦到华盛顿纪念碑长达几千米的宽阔的林荫大道两侧，整齐地排列着16座博物馆，类别有文化的、美术的、科技的和自然的等，十分齐全。我在华盛顿待了半个月，几乎天天泡在博物馆里，但也只能是略知一二，估计就算在那里再泡上几个月，也未必能详细了解这些丰富的馆藏。我主要的目标当然是参观科技和自然博物馆，以及与它们相联系的国家动物园。

国家自然博物馆　美国国家自然博物馆建成于1910年，每年约有观众500万人次，里面陈列着上千万年甚至上亿年前的化石，收藏有上千万种动植物标本，设置了古生物、动植物、矿物、宝石、考古、人类学等方面的展览。它有两幅长约9米的生命发展史彩色壁画，面对这超过5亿年的漫长的生命进化史的画卷，你就会不由自主地思考许多问题，例如，人类将走向何方？是建设更加美好的地球乐土，还是让污染、战争毁坏家园？

美国历史博物馆　美国历史博物馆位于自然博物馆西侧。它描绘了人类，特别是美国人民开发自然、利用自然、创造科技文明的历史。它的目的是向美国公众进行美国历史传统和爱国主义教育，展示美国建国200多年来以科技立国取得的成就，其中科技文明史是最重要的部分。我最感兴趣的是那些影响人类文明进步的科技发明，比如汽车、轮船、铁路、电灯、电话、留声机、打字机、印刷机械、钟表等。这里陈列的许多展品都是最早的实验室中的实物，比如爱迪生的实验室、贝尔的电话等。还有一个展室专门详细展示了抽水马桶的发展史。

宇航博物馆　宇航博物馆展示了从飞机发展到宇宙飞船的历史和未来，是观众参观人次最多的博物馆，每年约有千万人次。这里展示了一个真实的天空实验室，即一个直径7米、重28吨的圆柱体飞行器。1973年它在地球高空435千米处绕地飞行，先后有9名宇航员分三批进到天空实验室进行太空科学研究。参观它的观众非常多。

美国自然历史博物馆　美国自然历史博物馆位于纽约中央公园旁边，建于1869年，人们通常称它为纽约自然历史博物馆。50多年前，即1955年开工建设北京天文馆时，在复杂的天象厅圆顶施工时，困难不小，我们就曾经参考了纽约自然历史博物馆的天文馆建筑经验，并取得了成功。虽然过去来往不多，但是我现在人到了这里，应该要致谢忱。于是我在来纽约之前，就与隶属于自然历史博物馆的纽约天文馆联系好。我的来访受到了热情接待，天文馆特意为我备好了"来宾"的挂牌，可以在当天任何时间出入博物馆，不但免费，还有一位馆员陪同参观，服务十分周到。这位馆员表示他们是第一次接待中国北京来的同行。

> 美国自然历史博物馆属于民营机构,接受社会各界捐助。建筑设施的使用、营运及维持经费都是由纽约市政府提供的;此外,国家科学基金会、国家人文基金会等许多基金会和许多社会公众等都一直为它在做捐献。

纽约自然历史博物馆的陨石收藏也是世界之最。馆藏展品在2 000万件以上,都是100多年来在全世界探险考察中搜集到的。它有近40间展示厅,每个展厅的面积都在500平方米~1 500平方米之间,每年的观众有200多万。到这里参观学习已经成为中小学教育中必不可少的一课。我花了整整一天的时间泡在里面,还只能是跑步式的走马观花。很多人进去后完全沉浸其中。

> 1900年创刊的《自然历史》(Natural History)期刊是这座博物馆的馆刊,历经一个世纪,是世界著名的专业科普杂志。这套杂志在中国科学院图书馆收藏有,它是研究大自然和从事自然科普工作的一座极重要的学习宝库。

美国的博物馆除了免费赠送单张的导游图和简介外,都编印有很详细的说明书,从几十页到几百页不等,在科学普及上收到了非常好的效果,这些都是国内博物馆值得借鉴的地方。

纽约天文馆 纽约天文馆的星空表演世界一流,我早有耳闻。他们运用各种特制的放映器材弥补天象仪的不足，增加了表演的多样性和逼真性。面向几百位观众讲述古往今来的种种宇宙奇景，再加上立体声音响效果，科学与艺术的交织，让观众在娱乐中接受科学知识。他们利用激光技术表演太阳系的面貌和行星的运动以及天球坐标等等，画面清晰整洁，线条流畅完美，色彩艳丽柔和，给我留下了深刻印象。我从事天文馆事业多年，也参观过欧美一些著名天文馆，但是我感觉纽约天文馆的表演是最精彩的。

华盛顿国家动物园 华盛顿国家动物园有一个真实的热带雨林展厅，仿造了亚马孙河热带雨林的自然环境，花草树木都是从亚马孙河热带雨林搬迁过来的。在那里参观，仿佛身临其境。巨大的鸟馆、设备先进的爬虫馆都十分引人入胜。这里也是学生活动的课堂。我的一位久居华盛顿的亲戚还带着他的小女儿在动物园里住了一夜，为的是亲眼观察一种动物在夜晚的活动。

我注意到一点，这个动物园有足够的空地可以开发，兴建的全是与动物科研、动物展示有关的建筑，不容许任何商业机构插足其间。回国后，我目睹北京动物园大片大片地被改造为商场和游乐宫，不由深感我们和美国的差距，我一再地想：这个中国著名的动物园，还有可能发展的余地吗？

访：人们常说，不去看迪士尼乐园就好像没有去过美国，是这样吗？您去迪士尼乐园游玩了吗？

李：这话有一定道理，我在美国不但参观了迪士尼乐园，而且去过规模更大的令人难忘的迪士尼世界。迪士尼世界在佛罗里达州，它的面积有两个旧金山市那么大，它是博览会、展览馆、游戏场、社团中心，同时也是活的博物馆、美与幻术的窗口，最吸引我的地方是"未来世界中心"（Epcot）。

未来世界中心 未来世界中心最主要的建筑是直径50多米、高60多米的大球,这是当时世界上最大的人造球体,叫作"地球号飞船",乘小车在里面走,可以观览从文艺复兴到宇宙探险时代的人类文化史。我认为这是很好的科普教育。在其他一些场馆内,可以看到自然界生命演变史;在能源馆可以了解太阳能等各种能源的知识,展品不是迪士尼公司制作的,是埃克森·美孚石油公司(Exxon Mobile)赞助的;汽车馆则是和美国通用汽车公司合作的;活灵活现的立体电影是柯达公司制作的,看后印象深刻。我觉得科技企业与科普场馆合作这种方式非常好,企业财力雄厚,有钱投资,制作出的东西非常精彩;科普场馆提供科学知识、展览策划和场地。由各个学科领域的知名科技企业来承包各个展览馆,既普及了科学知识,又给企业带来了收益,达到了双赢,我觉得这样的模式很值得中国学习。

世界公园 世界公园就在"地球号飞船"大圆球建筑的后面,夜晚来临时,各国建筑物彩灯齐放,绚丽多姿。德国馆播放贝多芬的音乐,中国馆播放"梁祝",各个国家馆分别播放本国音乐,这真是科学、艺术与文化的极好交融,参观者既长了见识,又受到了美的熏陶,还玩得非常愉快。我觉得这比我们中国的"世界公园"好得多,我们的只是单纯的景观展览。我不禁思考,我国在兴建大大小小的游乐场时可以从中吸取哪些有益的经验?我想应该是以欢乐和知识为主题,而不是宣扬迷信、污染精神的东西。

史密松学会 这趟访美旅行最吸引我的,应当说是史密松学会(Smithsonian Institution),它是当今世界上最大的博物馆综合体和科学文化机构,它的总部设在林荫道旁的一座棕色的哥特式古堡里,华盛顿庞大的博物馆群几乎都是属于它的。美国在华盛顿特区还有两大科学文化团体,一个是创立于1848年的美国科学促进会(AAAS),它是世界上最大的科学和工程学联合会，附属的学术团体近300个，但是它不像史密松学会那样拥有如此庞大的博物馆群和事业实体。另一个是美国国家地理学会（NGS），创立于1888年，100多年来，它的科研、探险、普及工作遍及全球，《国家地理》杂志每月发行千万份，但是也比不上史密松学会历史悠久、机构庞大、收藏丰富。

> 詹姆斯·史密松（James Smithson，1765—1829）是英国著名的化学家和矿物学家。1829年，他把一笔50万美元的巨款捐赠给美国，为的是在华盛顿建立一个以他命名的研究所，宗旨是"为人类增进和传播知识"。史密松学会是遵照史密松的遗愿，在1846年8月10日，经美国国会特许建立的。最初只是一个研究所，8年之后发展成学会，也有人称它为国家史密松博物研究院。最初主要是在这笔捐款下进行工作，后来接受各方面的捐赠，更主要的是美国政府拨款，实际上，它是一个由民间团体转化为国家机构的文化科学团体。它的许多博物馆名称都冠以"国家"（National），这是它由民间转为国有的最明显的标志。
>
> 史密松学会创建初期，在全国不同地区用电报报告气候变化，这一举措使美国气象总署得以建立。由该学会建立的航空动力咨询委员会，后来成为国家航空咨询委员会，实际上就是美国国家宇航局（NASA）的前身。该学会早期对火箭试验的支持，实际上开创了火箭技术新时代。1866年该学会将学会图书馆转交给国会图书馆，成为国会图书馆的核心部分，大大增加了国会图书馆的藏书。目前学会共有20多座博物馆、研究中心、天文台、动物园等机构，职工人数5 000多人，年度经费上亿美元。100多年来，它已经收集到1亿多件展品和标本，每天都有大量观众在它的各类博物馆中吸取知识，所有开放场地一律免费。

居民协会计划 史密松学会的博物馆群,除了圣诞节外,全年开放,自由参观。除了相当出色的现场讲解和咨询服务外,它的一个突出特色是进行有计划、有组织的文化教育活动,有效地扩大了人们的视野,提高了人们的科学文化素养,这是对广大公众进行继续教育的十分有益的活动。它于1965年创立了"居民协会计划",提供高质量的文化教育,每年有20多万人参与2 000多项活动,内容十分广泛,包括艺术、人类学、自然科学与环境艺术。为成年人开课80多门,为青少年开课20多门,都由博物馆的学者和访问学者来教授。它的所有文化教育活动都采取生动活泼的形式,包括上课、参观、艺术表演、讲座、电影、旅行、家庭活动、展览会预展、户外节日活动等等。参加活动的人,除了可以收到《史密松》(Smithsonian)月刊外,每月还有一本活动目录的月刊,内容丰富,详细列出了各类讲座、各类活动的时间、地点。

学会编印出版了大量书刊,印刷精美,流传广泛。它的导游指南一般都有上百页,几家博物馆都编印过大型专书,就像很厚的大辞典。《史密松》月刊全部彩色印刷,内容多样,文化的、历史的、科学的、艺术的话题都有,内容的丰富性超过了美国《国家地理》杂志。学会出版的图册专著内容包罗万象,我认为是重要的科学文化资料,更是研究史密松学会的有价值的历史资料。史密松学会的工作和活动是十分值得研究和探讨的科学文化事业。在美国时,我想买研究这个学会的图书,但是没有买到。后来,学会成立150周年时,出版了纪念大书,我终于在中国的国际书展上买到了。

这里要提一提Arizona杂志。在美国,多沙漠的亚利桑那州居然会出版这样一本很有名的旅游杂志,它生动详细地介绍本州的地理、环境、人文等,可读性非常强。我一直在想,连一个沙漠地区都能编出这么好的杂志，实在是令人惊叹。我们中国地域广阔，别说沙漠了，风光秀美的风景名胜区有那么多，如果像黄山这样的风景名胜区也能出本这样的杂志就好了。我是圣诞节时在社区图书馆里看到这本杂志的，节日期间图书馆管理人员处理旧书，放在杂志交换区，我没带什么可交换的书籍，就直接拿了一大摞翻看，受益匪浅。

有人说美国历史只区区 200 多年，没什么积淀，还有人说美国没什么历史，但是我觉得这话说得太武断了。美国虽然建国只有 200 多年，但是科技发展得相当快，科普工作真的做得相当好，实在太值得我们学习了。

对日本科普工作的调研

访： 继美国之行后，1998 年您又出访日本，再给我们讲讲日本之行吧。

1998 年秋，李元（左一）在日本访问太空美术画家加贺谷穰（侧坐者）

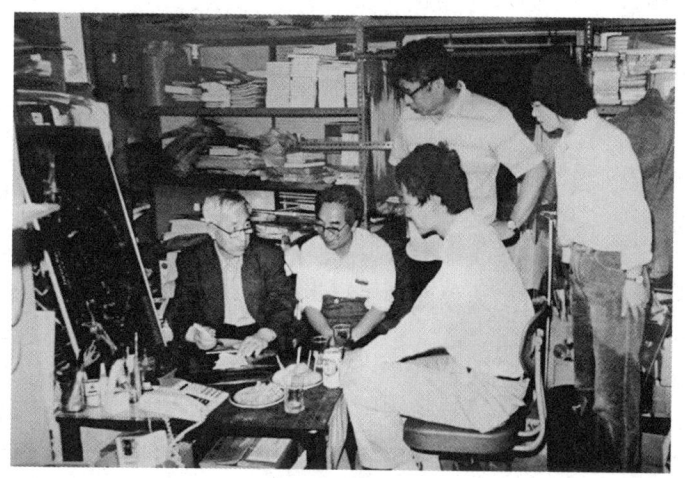

李：我追踪和调研日本的科普事业已经有好多年了，也和日本一些天文工作者有书信往来，但是这些都只是停留在书本上、资料上，缺少亲身体验。我做科普工作时，对国外知识是先从书籍上和各种资料上了解，然后再想办法和国外相关人士建立联系，最后带着目的和任务直接去看。1998年秋天，我跟随河北省科技馆去日本考察科普文化，收获很多。

我在日本参观的第一个地方是五藤光学研究所的光学仪器厂，在东京西边的山梨县。这家工厂主要制作表演星空的天象仪，产品销往世界各地。该厂创始人五藤齐三在1958年来北京天文馆访问过，是我接待的。他从北京天文馆受到启发，回国后便开始了天象仪的研制。经过40年的发展，工厂已经颇具规模，成为世界著名的天象仪专门制造厂家之一。

山梨县立科学馆 除了参观光学仪器厂，我还参观了几个博物馆。日本有科学博物馆、科技馆、天文馆、水族馆、植物园、动物园等科普场所几百处。我参观了山梨县立科学馆，它设在一个小山上，上层是宇宙剧场，下层是宽阔的展览厅，分自然、生命、科学技术、地球、宇宙等展区，科学家的肖像随处可见。这里有许多可供青少年参与的项目，比如一间人工降雪的小屋，一个陈列着电脑和许多电脑软件的图书馆。宇宙剧场是一个直径20米的倾斜式球幕影院，中间是五藤光学天象仪。入场时还给每人发一张彩色的宇航方面的明信片。

日本的博物馆很多。我所见到的长野市立博物馆建成于1981年，以文史展览为主，但是它拥有一座天文台，一座天象厅。天象厅内装有五藤天王星天象仪，能放映约1万颗星，刚刚超过肉眼可见星数。它还有一个自然史分馆设立在茶臼山。

国立科学博物馆 这是日本历史最悠久的科学博物馆，创建于1872年，设在东京。1949年才正式定名为国立科学博物馆，建立的目的是加深入们对自然的认识和对科学的理解。这里还有一个大众天文台,晴夜对外开放。该馆的科普工作形式多样,除常设展览外,还有流动的博物展览和专题展览,举办讲习会、野外实习、科普讲座和学术讲座、天体观察会、科技电影会、儿童科技活动等,还出借标本、模型、图书资料、影片和幻灯片。

东京天文馆 建于1938年,二战期间被毁。1957年新馆重建,比北京天文馆早半年开馆。它所用的天象仪是联邦德国蔡司厂所制,质量精良。这里的工作人员非常认真,不论天象厅内人多人少,他们都亲口讲解,这一点非常重要。我国的一些天文馆完全倚仗录音,我真担心将来国内没有会口述讲解天文知识的人。

多摩六都科学馆 是日本一所大型现代化科学馆,于1995年6月开幕。它由东京多摩北部地区的六市联合建成,目的在于提高人们的科学文化素质,帮助青少年学习科学知识。它的宇宙剧场——天象厅和球幕电影放映大厅据说是当时世界上最大的宇宙剧场。直径27.5米的倾斜式放映厅有254张座位,内装有五藤公司的太阳神天象仪和球幕电影机。该馆整个建筑和各处设备非常坚固,因为主要对象是青少年,要经得起他们的蹦跳震动。科学馆分为宇宙科学、生命科学、生活科学、地域科学、室外陈列几部分,还附有图书阅览室、科学学习室和电脑学习室。

访:日本和中国在文化上有相通之处,很多东西也是战后才开始发展的,可能科普的发展历史也不很长。那么,日本科普的发展与我国有什么不同之处吗?

李:你说得对。日本与中国文化同根,都是战后重新开始建设。但是,他们现代科学技术发展的历史比我们早,比我们快。另外,就是日本人很敬业。这也是众所周知的事情。我觉得日本的科普比我们搞得好。

首先是科普项目繁多，对象广泛。日本科普活动包罗万象，书刊、影视、场馆、展览会等各种传播方法都能用来搞科普。既针对中青年人、未成年人，也针对老年人。

二是出版物设计精美，内容丰富。日本的科普出版物，无论书籍报刊，还是各博物馆、科技馆参观指南，都设计得十分精美，引人入胜，让人一看就爱不释手，自然会去仔细阅读它的内容。日本的科普出版物都非常注重资料的详尽，详细罗列各种史料、数据、方法指导、图表图解、文献来源等，这样使用起来非常方便，一般不需要额外地再去查询。

三是翻译迅速，紧跟时代步伐，不断更新前进。每当世界上有好的科普出版物，日本总是争先翻译出版，甚至有时是还没有看到原版，日译版已经问世。他们做事之迅速、效率之高，值得中国同行学习。日本科普书籍总是争相报道国内外科技成就，好的图书总是不断修订再版，科技活动的内容总是跟随国际步伐不断更新。

四是注意文献传播和索引工作。介绍文献其实也是一种科普工作，它能使人掌握更多的信息和书刊资料。日本的科普读物都附有参考书目或推荐书目。较大的科普书也都有索引，查阅十分迅速方便，有利于节省时间，提高学习效率。

五是宣传科普出版物的广告十分多。在各种报刊图书上到处可以看到科普出版物的宣传广告，不是图书介绍就是出版预告。这样既方便了读者，也扩大了科普出版物的影响面。

六是建立与读者的深入联系。日本科普书刊中大都附有读者调查卡，以便了解读者的需要和意见，从而获得市场信息。

七是对少年儿童的特别关怀。日本对少儿科普出版物的扶持是特别优惠的。这类出版物装订结实，印刷漂亮，字体醒目，定价低廉。日本特别重视对青少年的科技教育，中小学里十分注意充实科学实验设备，大企业也集资建设青少年科技馆等设施。此外，积极向父母普及科学知识，使学校教育、社会教育和家庭教育结合起来。孩子最容易受父母的影响，在日本社会中母亲对青少年的影响更大，母亲如果懂得科学知识，对孩子们科学方面的成长很有好处。一些青少年科学馆、科学中心都开展向市民开放的活动。有的馆专门组织"母亲科学俱乐部"，开展理化生方面的活动，鼓励母亲参加。各少年发明俱乐部定期召开家长恳谈会，加强与家长们的联系。

八是国家和社会对科普事业大力投入。发展科普事业是提高全民科学文化素质的长远投资，日本积极支持对各种科普教育设施的投入。

他与好友卞德培同获小行星命名，不仅引起了国人的注目，同时也引起了中国学界对科普的重新认识。他用"根本想不到"这样的词句表达他对这项殊荣的感受。这是中国科普人的骄傲，是当之无愧的骄傲。从事科普工作60余年，他更愿意把自己定位为天文科普事业家。

20世纪中国科学口述史
The Oral History of Science in 20th Century China Series

第5章

名挂太空：中国科普人的骄傲

命名申报和批准的过程

访：我们经常听说小行星命名的事情，但是不太了解命名的程序和规定。您能说说吗？

李：我先讲一下小行星命名的一些规定和情况。

> 小行星是在太阳系里，火星和木星之间的数以万计的小天体，直径一般只有十几公里。早在19世纪，即公元1801年新年夜，人类发现了第一颗小行星，命名为Ceres，即希腊神话中的"谷神"，叫作谷神星。以前小行星是用希腊的神的名字命名，后来国际上有规定，谁发现则谁有权命名，用文学家、科学家、艺术家或著名机构、地区命名都可以，但是规定不能以在世的政治家和军事家的名字命名，因为他们沉浮不定，变数太大，必须在他们逝世100年后才能命名。

张钰哲用"中华"命名小行星 一颗小行星从发现到定名并不是件简单的事情,从望远镜发现小行星后,要确定它的轨道,才能命名。我国的小行星工作最早是由天文学家张钰哲开始的。1928年张钰哲在美国芝加哥大学叶凯士天文台发现了一颗小行星,即第1125号,他就用"中华"(China)来命名,这是中国人发现的最早一颗小行星,在国内引起了轰动,张钰哲也由此成为中国小行星工作的奠基人。张钰哲从美国回来后没有条件从事小行星的工作,后来,他在紫金山天文台任职后,组织了一批年轻人,成立了行星研究室,主要工作就是发现和研究小行星,已经发现命名了百余颗。他们的研究室以中国的地名命名了一批小行星,比如省会、自治区等,以古代著名天文学家的名字命名了一批,但是以现代人命名的就不多了,因为不好掌握取舍分寸,所以一般不用现代人的名字来命名。有一段时间,香港一些实业家资助紫金山天文台,想以此取得小行星命名,遭到大家的议论和反对。

"张"星和"余"星 外国人给中国人命名小行星的情况并不多,美国哈佛大学天文台的邵正元先生于1976年发现了一颗小行星,即第2051号,为了表示对我国小行星研究创始人张钰哲先生的敬意,把它命名为"张"(Chang)星,在《小行星通报》1978年8月第4420期公布,后来邵正元又把他发现的第3797号小行星命名为"余青松"。

以前科普工作是不受人重视的,是被人看不起的,我从来没想过我做科普事业能被命名小行星。而我和卞德培因为做科普事业,获得了这项殊荣,实在是不容易。

日本白河天体观测所所长藤井旭 我和卞德培是热爱天文科普工作的老朋友。改革开放以后,我们和日本著名天体摄影家、天文科普活动家、日本白河天体观测所所长藤井旭经常通信,进行学术交流。1987年日本的藤井旭、福冈启行、盐野米松来华，与我和卞德培共同组成日中日食观测队，9月23日在山西平遥县进行了日环食观测。我们的合作获得了成功，并在中日书刊上发表了观测成果，在科学工作中结下了深深的友谊。10年之后，即1997年，藤井旭、福冈启行、盐野米松三位商定为我和卞德培申办国际小行星命名，并得到了这两颗小行星的发现人、日本北海道北见观测所天文学家圆馆金和渡边和郎的支持与同意，于是开始申办工作。但是，对于他们的打算和计划，我们事先一无所知。

下面我按时间先后顺序把这次小行星命名的过程简单介绍一下，并有详细文字资料可供参考。

1997年秋，藤井旭分别写信，告诉我和卞德培将可能得到一颗小行星的命名。我当时对这件事情半信半疑，觉得那么多著名科学家还没有被命名呢，怎么可能以我的名字命名呢？所以我当时是又兴奋，又怀疑。不久后，藤井旭又来信要求我们分别提供个人简历与工作情况等资料，让我写一个传略，说这个要报到国际天文学联合会小行星命名委员会上去，它设在哈佛大学。

1997年12月19日他给我来信说，他已经开始进行申报，还说他在东京将此事告诉了古在由秀博士。古在由秀是日本东京国家天文台台长，曾任国际天文学联合会（IAU）主席，也是国际小行星命名委员会委员。他认为是没有问题的。

当时同时批准了三个中国人的命名，一个是我（小行星编号6741），一个是卞德培（6742），一个是香港太空馆的创始人廖庆齐（6743）。我们这三个人都是因为搞科普而被命名的。后来国内媒体对我和卞德培做了很多新闻报道。获得命名后，我特别高兴，有一些人怀疑是不是我们有私下关系才得到命名权的，其实这些都是无端猜疑。藤井旭在颁发证书的仪式上说到，他希望能加深中日友好合作，让后人把李元、卞德培的科普事业一代代传承下去。

访：这件事情与藤井旭个人有直接关系吗？

李：从藤井旭的信件可以看出，日本藤井旭等人对给我和卞德培命名小行星一事并不是个人行为，而是经过集体讨论后，并得到日本天文界领袖人物、国际著名天文学家古在由秀博士的认可而进行的，说明这是中日两国科学界的民间学术活动。这也消除了在小行星命名发表后，我国一些同行和学者存在的疑惑。

访：作为藤井旭个人，肯定也是很高兴的。

李：在1998年新年的时候，藤井旭给我来信祝贺新年，并说，小行星"李元"即将诞生，并祝身体健康、心想事成、万事如意。1998年1月14日，藤井旭来明信片祝贺小行星"李元"（Li Yuan No. 6741）、"卞德培"（Bian Depei No. 6742）诞生。15日又来信说明有关新命名小行星的发现人、命名推荐者等情况。18日，藤井旭来明信片告诉我以我的名字命名的6741号小行星的轨道要素，这是确定每颗小行星的必要资料。

1998年2月4日他寄来三颗小行星的轨道图、1998年在星空的路线图，图片绘制精确，十分漂亮。3月9日又来信说小行星国际通报可能在4月份宣布。4月2日，藤井旭寄来小行星6741号的照片，并说小行星命名委员会的命名将会很快发表。

1998年4月11日，哈佛大学国际小行星中心发表第31457号《小行星通报》："1994年3月31号，由日本两位天文学家发现的小行星，命名为'李元星'……这个命名是由藤井旭建议做出的。"公报的发表向全世界宣布这颗小行星以我的名字命名。

1998年4月24日，藤井旭寄来国际小行星中心的正式命名通报，并代表日本友人致以热烈祝贺。至此，小行星的命名工作全部完成。

访：这是中国科普人第一次获得小行星命名，当时媒体也做了大量报道。

李：是的。不仅仅是报纸，还有电视台等机构。最早报道的应该是《人民日报》。1998年5月7日的《人民日报》及其海外版都发表了一则引人注目的新闻——《我国科普作家名挂太空》，随后各主要报纸都发表了这一消息。同日，中央人民广播电台和中央电视台也同时加以播报。其实5月6日中央电视台一套节目"晚间新闻"已播发了新华社的这则消息。其他一些媒体如《中国日报》（CHINA DAILY）、《中国科学报》《北京晚报》，乃至在美国旧金山出版的华文报纸《世界日报》等都迅速作了报道。[①]

> 国际天文学联合会国际小行星中心在1998年4月11日发出了第31457号《小行星通报》，向全世界发布了三颗小行星被命名的简要情况。其中，对李元的命名是：
>
> "（6741）Li Yuan（李元）= 1994FX
>
> 1994年3月31日由北见观测所K.圆馆金和K.渡边和郎发现。
>
> 为向李元（1925年生）表示敬意而命名，他是中华人民共和国天文学普及工作者。在北京天文馆于1957年建成过程中，他起着重要的作用，为中国天文馆事业的带头人。他编著校译了包括天文学在内的50多种科学图书。他也曾不懈地为国内外科普出版工作作出有益的贡献。命名的推荐是两位发现者根据藤井旭、福冈启行和盐野米松的建议做出的。"[②]

[①] 据粗略统计，五六月间关于中国科普作家名挂太空的新闻报道、庆贺文章、资料介绍等就有30多篇，至于后来不断的新闻采访、电贺专题等持续了很久。据了解，小行星以中国人的名字命名，出现如此众多的媒体报道尚属首次。

[②] 《科普研究》，中国科普研究所编印，1998年第3期。

李元访谈录
Interviews with Li Yuan

The MINOR PLANET CIRCULAR / MINOR PLANETS AND COMETS
Commission 20 of the International Astronomical Union, usually in batches on the date of each full moon, by

Minor Planet Center
Smithsonian Astrophysical Observatory, Cambridge, MA 02138, U.S.A.
IAUSUBS@CFA.HARVARD.EDU or FAX 617-495-7231 (subscriptions)
BMARSDEN@CFA.HARVARD.EDU or GWILLIAMS@CFA.HARVARD.EDU (science)
Phone 617-495-7244/7440/7444 (for emergency use only)
World-Wide-Web address http://cfa-www.harvard.edu/cfa/ps/mpc.html

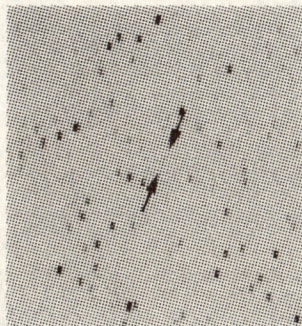

小惑星（6741）Liyuan
= 1994 FX (EW 673) 発見写真
1994年 3月31日 21時45分 と
22時06分 から 各18分の二星露出
D=25cm F2.6 シュミット・カメラ
水素増感TP-4415
撮影：津別観測所／円舘　金
精密位置　測定／渡辺 和郎
1994 03 31.53750 (2000.0分点)
13ʰ21ᵐ41ˢ.96 -02 59 42.3 16.5等
1994 03 31.55208
13ʰ21ᵐ41ˢ.33 -02 59 32.9

(6741)
LIYUAN

(6741) Liyuan = 1994 FX
Discovered 1994 Mar. 31 by K. Endate and K. Watanabe at Kitami.
Named in honor of Li Yuan (b. 1925), popularizer of astronomy in the People's Republic of China. He played an important role in the opening of Beijing Planetarium in 1957 and served as a leader of planetarium activities in China. He has published more than 50 books on science, including astronomy, and has frequently contributed to domestic and foreign publications. Name proposed by the discoverers following a suggestion by A. Fujii, H. Tomioka and Y. Shiono.

M.P.C. 31 611   1998 APR. 11

小行星命名证书

访：对中国的科普机构和天文研究机构来说，这也是一件大事啊！

李：是的。当我们收到正式的小行星命名者通报后，立即向中国科协、中国科普研究所、北京天文馆等单位报告并送交了中英文命名通报，那是1998年5月初的事。正式举行的庆贺"李元星""卞德培星"命名活动于5月19日在北京天文馆举行的。接着，5月25日上午在北京市科学技术研究院、5月25日下午在北京市科学技术协会又先后举行了庆贺活动。

后来藤井旭等人又给我们寄来这两颗小行星1998年的"在太阳系内轨道位置图及该小行星的轨道要素数据"以及1998年该行星"在星座间的视运动轨迹图"。有了这些科学资料，许多科普文章、科普访谈在全国范围内纷纷发表或在电台和电视台上播放。

1998年9月4日藤井旭给我来信，说他与福冈启行、盐野米松三人将于10月上旬来内蒙古观测贾科比尼流星群，然后到北京将小行星命名证书交给我们。我们向中国科协领导汇报后，决定10月11日在中国科技会堂举行小行星命名证书接受仪式。仪式由中国科协常志海书记主持，并有中国科普研究所、北京天文馆的有关领导出席并参加庆祝宴会。

另外，我要说的是，日本天文学家为给中国天文普及工作者命名小行星的工作，共写了30多封信，都是由藤井旭手写完成的，这种热情，这种细致，这种友谊，令人感动。这充分体现了日本天文学家对我们的尊重，对我们工作的肯定以及中日人民之间的真诚友谊。

发现一颗小行星并不是容易的事情，发现后还要经过一系列的观测、计算、验证才能获得临时编号，又要经过若干程序才能得到国际永久编号认可，然后还要有人向发现人推荐并得到同意才能向位于美国哈佛大学内的国际小行星中心提出申请，送上被命名人的简况、申请命名理由，最后由小行星中心审查、核准并编入《小行星通报》中向全世界公布。由此看来，小行星命名的程序也颇费时日。就以日本来说，他们拥有大量的天文爱好者，其中不乏有科学成就者，也很有资格获得小行星命名。但是日本友人愿意拿出三颗小行星的命名权给中国，实在是十分可贵的事情！这也是中日科普界友谊的见证，也是对我们的鞭策与鼓舞，今后我们要更加努力地献身科普事业。

做科普也有此殊荣

访：李先生，我真的非常佩服您为科普事业做出的重要贡献。您获得命名这件事一定对中国科普界产生了重要的影响。

李：我和卞德培二人的小行星命名过程就这样顺利完成了。我在这里作了详细的叙述，就是因为我们一直认为，这次小行星命名的光荣不仅仅属于我们两个人，还应该属于祖国、属于科普界，它是中国现代科普史上的一个重要事件。

访：此次小行星命名固然重要，但是以前也有给我国学者命名的事情。我一直在想这样一个问题：为什么这次命名在国内影响这么大？这么隆重？

李：用一个人的名字来为一颗小行星命名，是一种特殊的荣誉。小行星的编号和命名是永久性的，是与世长存的，有着它的国际性和永恒性。我认为，我和卞德培的小行星命名的意义在于：一方面是中国科普界的光荣，一方面是外国科普界对中国科普事业的肯定，是外国科学家赠送给中国科普人的厚礼。从前我国的科普工作者往往不被人重视，谁能想到科普工作者能被命名小行星？但是这件事情居然发生了。

当时《北京晚报》说：据悉已有7颗小行星是用我国天文学家的名字命名的，但用科普作家之名来命名天体，在我国科普界还是第一次。那时科普工作在我国还没有得到普遍的认可，甚至被轻视，有"小儿科"之称，搞科普被认为是不务正业，哪怕有很好的业绩也不被完全认可，也不认为是可以作为评定职称和提高工资的依据，有时反而产生负效果。因此，这破天荒的头一次给科普人命名小行星，自然会掀起一股不小的浪潮。

我所在的中国科协、科普所等单位就举行了很多庆祝会，报章上也写了不少文章，各家媒体来采访我的人也很多。那段时间我的嗓子都哑了，因为来采访的人太多了，我得不停地说。通过媒体的宣传推广，我的名声也大了，传播的范围广了，知道我的人就多了。

过去社会上流行追星，歌手演员等被那些追星族捧上了天。这次是科普人真正上了天，这也是为科普工作正名，为科普工作鼓劲。综合上述种种原因，就不难理解为什么中国科普人获得国际小行星命名会引发新闻潮了。

访：后来以老科普作家高士其来命名小行星的建议是您倡导的吧？

李：我觉得在科普方面，高士其更重要，贡献更大。他是我国著名的科普作家，那么多年身带残疾，却写出了大量的科普佳作，是我十分敬重的老科普作家。在高士其先生逝世10周年的纪念会上，我最后发言："我们纪念高士其，在紫金山天文台发现的小行星中，应该有一颗被命名为'高士其星'，作为他的荣誉。"当晚的报纸就登出来，说希望早日出现"高士其星"。后来我就着手操办这件事情。以高士其命名的基金会，基金会秘书长是著名医学家吴阶平。我和他以及卞德培联名，由该基金会报给科学院一份文件，陈述应该以高士其之名命名小行星的理由。科学院把此事交给紫金山天文台办理，紫金山天文台再报给国际天文学联合会小行星命名委员会，最终得到批准。

1999年12月13日，在人民大会堂举行了隆重的命名典礼，将紫金山天文台发现的国际编号第3704号小行星命名为"高士其星"。典礼由中国科协举办，科协主席周光召等领导都出席了，因为是我发起倡议的，所以我在会上也发了言。在给高士其命名小行星后，我的心里就感到踏实了。因为我觉得自己做的事情离高老还差得很远，有"李元星"而没有"高士其星"，我心里就很不踏实。这件事也得到了中国科协和中国科学院的赞赏。

科普写作与科教影视

访：小行星命名，是对您献身于科普事业的认可和奖励。我们希望更多地了解一些您还没有提及的科普工作。这里想先问一下，在命名之后，您出版了科普文集《到宇宙去旅行》，出版文集和小行星命名有联系吗？

李：有关联。小行星命名后，媒体广泛宣传，有些出版社就说要给我出书，后来我就和辽宁少年儿童出版社敲定，我出一本，卞德培出一本。我们在讨论这两本书的书名时，我提议书名要体现一生科普工作的最亮点，于是他的书名为《第十大行星之谜》，我的书名为《到宇宙去旅行》。在2003年全国科普图书评选中，我的书得了二等奖。

《到宇宙去旅行》是我一生活动的浓缩，收录了我各个时期的文章，是我一生科普工作的记录和心得。这本书在《科学时报》的图书评介中，得到了"老金笔奖",我是第一个"老金笔奖"得主。我把其余作品归集到另一本书《向望星空》里,那是我的天文学和天文科普文集,大概20多万字,由上海科技教育出版社出版。如果再加上《李元访谈录》这本书,就一共有三本介绍我科普生涯的书了,我能在生前出这些书,感到很欣慰,这是大家对我的支持和厚爱。

访: 从事科普工作60余年了,您创作了大量科普作品,可以大概地介绍一下吗?

李: 那我就着重谈一下我个人在科普编写创作和出版方面的工作吧。首先我要说明一点,大家都称呼我为著名科普作家,这个称号我还不大承担得起,科普是很重要的,但这不是我的全部工作。有人称呼我为天文科普专家或者天文科普活动家,我觉得这个称呼比较恰当。因为我并不是一

李元在进行星空表演(2000年)

个非常合格的天文科普作家,许多人的文章写得比我好,我比不上,所以称著名科普作家有些名过其实了。我把自己定位为一个天文科普事业家,我在紫金山天文台的工作,创建北京天文馆的工作,推广太空美术的工作,都是实实在在的活动,并不仅仅局限于科普创作。因此,并不能说我就是一个天文科普作家,更不能说我是著名的科普作家,要说资深还行,因为我毕竟干了60年天文科普事业。

访:除了科普写作外,您也参与过科教影视方面的引进推介工作,您在国内推荐过哪些科普片?为什么要推荐这些影片?

李:解放以前,我在南京和上海看过英国文化委员会的一些科普影片,都是16毫米宽的小片子,过去的科普片都是这个规格。看过后我觉得非常精彩,感受到科普片的重要性。

苏联的科普工作做得很不错,新中国成立后,我们引进了苏联的影片,苏联的片子都是35毫米的大片子。我们引进的第一部是《宇宙》,这部片子是对一般天体的介绍,宣扬唯物主义,批判唯心主义。《宇宙》是一部优秀的科普影片,曾获戛纳电影节科普影片奖,由当时的东北电影制片厂译制,我的同事、朋友沈良照和我承担了紫金山天文台交给我们的这项任务,认真仔细地对影片进行校译,后来这部影片在全国上映,分镜头脚本也成为科普影片中的重要范本来参考。那时,我也给一些科学电影作校译,比如上海科学教育电影制片厂的《科学电影的秘密》就是我校译的。我还给《星星为人们服务》《星际旅行》等影片做科普加工和科学内容的审查指导。

20世纪60年代,北京科教电影制片厂让我与他们合作拍一个片子,名叫《天文台的日日夜夜》。起源是我曾写过介绍紫金山天文台的同名文章,被他们看中了。后来因为制片厂的投资问题,这个片子没有做成。

1988年，我们从美国引进、翻译了美国著名科普作家卡尔·萨根编排的长达13集的电视系列科普片 COSMOS（《宇宙》）的全部资料，主要是科学出版社的吴伯泽等翻译的。那个时候没有电脑，全是手写翻译稿。这部片子在美国引起过巨大反响，在全世界都享有盛誉，获得过米·彼博迪大奖，被翻译成10多种语言，在60多个国家放映，观众达到6亿。我们向中央电视台推荐过，连剧本都给他们翻译好了，开始是全译本，并由卞毓麟校过，后来他们说要简化本，我们又编写了简化本，但是不知道为什么，一直没有播放。后来才知道是因为中央电视台觉得收视率不高把它压下了。后来终于在2000年播出了一次。要知道，这部片子在美国播放后，卡尔·萨根立刻成为美国最耀眼的科学明星，无人不知，无人不晓。他所写的与本片配套的科普书籍《宇宙》，是当时《纽约时报》连续70周发行量最大的畅销书，是历史上英语出版的科普书中发行量最大的书籍。这样一部享誉世界的著名科普片，在我国却命运多舛。萨根的书还引起了国务院副总理李岚清的重视，中南海科普座谈会便是由此而发。我们后面再仔细谈。

　　自从我获得小行星命名后，就经常上电视，在中央电视台和北京电视台做过许多节目。《百家讲坛》等栏目找我合作，让我做天文科普知识讲座。2003年在火星最接近地球时，录制了《秋夜看火星》，2004年录制了《从望远镜里看宇宙》《太空美术欣赏》，这几个节目经常在央视10套播放，据说收视率很高，观众达百万人。

开拓"太空美术"事业

访：您前面说到推广"太空美术"的工作，请详细说一下有关情况。

李:"太空美术"这个词是由1978年美国出版的 Space Art (《太空美术》)一书倡导和推广的。这是一本图文并茂的图册,介绍了一个世纪以来太空美术的发展和众多太空画家及他们的代表作。这是一本开拓性的著作,作者是当代美国著名的太空美术画家米勒(R. Miller)。1990年,英国著名太空画家哈代(D. A. Hardy)编辑出版了一册更为精美的彩色画册《太空美景》(Visions of Space),这本史料性著作介绍了全球几十位太空画家及其代表作,充分展示了太空美术的现状,以及由这些作品中看到的壮丽的太空景观。

天文美术与太空美术

天文美术作品纯粹是对宇宙天体和天文现象的描述。从20世纪40年代起,在天文美术作品中加入了宇宙火箭、宇宙飞船和宇宙航行的画面,才形成了太空美术或宇航美术的形式。在人造卫星诞生之前,太空美术的创作已逐渐成熟,其中最著名的例子是美国的邦艾斯泰(C. Bonestell)在1946年创作的《土星世界》组画以及他后来与火箭专家冯·布劳恩等合作出版的《征服太空》《征服月球》《火星探测》等系列图书图册,由此奠定了太空美术的基础。1957年人类第一颗人造地球卫星发射成功后,太空美术的创作活动和宇航图书的频繁出版使太空美术作品逐渐普及,"天文美术""宇宙美术""太空美术"这些词语频繁出现。这些美术作品既反映了人类探索宇宙探索太空的成就,也反映了宇宙航行与空间技术的发展。

太空美术作品与科幻美术作品是完全不同的,它是以科学理论、科学实践为依据，根据科学研究的资料和成果进行的美术创作。比如，它根据真实的资料来进行绘画，这与科幻作品的随意性有很大差别。

访：我有一个疑问：几百年前，人类无法拍摄各种天体的照片，天文美术给人类打开了一个想象的窗口，让各种天文科普书籍更加生动形象。但是，现在人类已经可以拍摄出天体、天象和宇宙探测的各种照片，这些比美术作品更精确更科学，那么，太空美术的存在还有什么意义呢？

李：宇宙航行有它的局限性，天体摄影也有它的局限性。比如，飞船飞往行星，可能只有几天时间，拍摄到的照片是有限的，拍摄到的角度也是有限的，这些都是短暂的局部的印象，实际上从不同的角度看天体，在不同的时间看天体，看到的景象都是不一样的。但是因为航行的路线有规定，所以太空探测器观测到的都是一些固定的角度，不可能从各个角度完备地观测不同的天体。那些无法拍摄的场面只能由太空美术作品来补充、代替和展望。太空美术是画家在严格遵循科学规律的前提下，展开合理想象创作出来的，凝结着人类思维的智慧。它以科学探索的成果为源泉，又有所发现和超越。它既描绘现实，又展示未来，是现实主义与浪漫主义的结合。它既有科学价值，又有艺术魅力，在科学普及方面具有生动形象的效果。太空美术画家展开想象的翅膀，不但揭示了宇宙的奥秘和美妙，也歌颂了人类无穷的智慧和探索宇宙的出色活动。许多事实已经证明，太空美术具有强大的生命力和感染力。

早在1978年，米勒编著的《太空美术》刚问世就被世界著名的天文学杂志《天空和望远镜》（*Sky and Telescope*）发表专文给予高度评价。销量极大的美国《读者文摘》（*Reader's Digest*）也对该书大加赞赏。邦艾斯泰1944年5月29日发表在美国当时最著名的 *LIFE*（《生活》）画报上的《土星组画》引发了许多读者对宇宙太空的向往。R. Miller 在著名科学期刊《科学美国人》(*Scientific American*) 1994年5月号上的"科学与艺术"(*Science and Art*) 专栏中,刊登了纪念《土星组画》发表50周年的文章,并且重新印刷了其中的名画。在《天空和望远镜》2006年6月号上,以较大篇幅刊登了邦艾斯泰在60年前发表过的关于地球遭受宇宙灾难的预警性作品,呼吁人类要力求避免宇宙灾难,也要积极应对宇宙灾难。由此可见,太空美术具有鉴赏性、科学性和预见性,是现实与想象的结合,是科学和艺术的结合,不但增强了科学普及的艺术效果,也在精神生活中等同于音乐和美术所起到的作用。在当代,不只是在印刷品中,我们在电视或电影屏幕上也常常可以看到以太空美术为背景的场面。

我国太空美术事业的开拓者之一、著名美术家、中国科普研究所的沈左尧研究员对太空美术有一段精辟的论述:"太空美术使广漠无垠、变化万端的宇宙伸缩于尺幅之中,画面有的恢宏雄浑,绚丽夺目;有的宁静恬幽,意境深邃;有的奇谲诡秘,摄心动魄,令人叹为观止。面对画卷,觉宇宙之无穷,时间之永恒。太空美术作品既给人们以丰富的科学知识,又给人以高度的美的享受,是艺术的形象思维与科学的逻辑思维相结合,也就是艺术性和科学性完美结合的范例。"所以,我提倡太空美术,举办太空美术展览,就是要把这些精美的创作呈现给大众,用美的形象的艺术手段引起大众对天文学的兴趣。

此外,十分重要的一点是,太空画家和科学家合作,编辑出版图文并茂、在艺术与科学上都有很高水平的科普图书,在科学普及上发挥了很大的作用。法国的吕都(Lucien Rudaux)与天体物理学家伏古勒尔(G. de. Vancouleurs)合作的《天文学——天体和宇宙》有上百万字,800幅图片,吸引了无数读者,激发了他们对天文学的兴趣。美国的邦艾斯泰和著名天文学家理查森(R. Richardson)、火箭专家冯·布劳恩合作出版的《征服月球》等太空探索系列丛书,在全球广泛传播。纽约天文馆的原德籍太空画家魏末和馆长、天文学家布朗莱(F. Branley)合作出版了10多本科普图书。英国的哈代和科普大师穆尔合作的 *FUTURE*(《展望》)是2004年新版的大型科普图册。岩崎一彰与日本天文学家宫本正太郎合作了许多科普图册。日本的加贺谷穰也和著名天文科普作家藤井旭长期合作,出版了《宇宙大全》等书籍。中国太空美术新秀喻京川和国家天文台李竞研究员在2004年合作出版了《大宇宙》,也是图文并茂的佳作。

总之,太空美术作品能极大地激发读者的兴趣,当读者看到书籍的封面很漂亮,插页彩图很吸引人,就会产生购买的欲望,至于内容怎样,是可以买回去慢慢翻看的。所以我觉得,科普书的艺术包装是非常重要的,精美的封面和插图最能吸引读者的注意,这就要求我们要从艺术性和审美情趣上下功夫,才能打动人心,所以我一直都提倡科学与艺术相结合。

访:天文美术和太空美术在中国是怎样发展的?

李:它们在中国的发展势头还是不错的。远在清朝末年到民国初年,中国的天文学家把一些外国天文书籍翻译成中文,这些书里面就有一些天文美术插图。还有些进入中国的外文原版天文书籍,虽然没有翻译成中文,读者可能读不大懂文字内容,但是里面的插图还是容易看懂的。这一时期天文学书籍里面的彩色插图,就是在中国最早出现的天文美术作品。另外,我还要强调一点,天文美术绘画与教科书上的一般图解是不同的,这些绘画蕴含着美术创作的构思。

1933年前后,南京紫金山天文台出版《天文周历》,每周一图,所用的图片大都选自法国的《天文学和宇宙》。这本书中法国天文学家毛吕(A. T. Moreux)的天文美术作品,许多都是彩色的。其实当时编印《天文周历》的人未必有推广天文美术的想法,只是为了使书显得丰富多彩,但是这种做法产生了积极的效果，无形中推广了天文美术作品。后来，这些图片入选别的图书中，流传更加广泛。像陈遵妫就把《天文周历》上的图画编辑到自己的书里，比如日食和月食的图片等；还有如商务印书馆1934年出版的《星体图说》、中华书局1939年出版的《天文学纲要》等等。

1944年，我产生了用天文美术来普及天文学的想法。那时我在重庆，那里的地摊上总有许多美国的画报卖。我在地摊上看到1944年5月29日的 LIFE 画报，上面有篇文章叫作《太阳系》，发表了6幅天文美术作品，是邦艾斯泰描绘的土星世界的美景，我惊讶于它的构图和角度的与众不同。比方说，一般我们看到的图画里，土星就是椭圆形的，有个光环，但是他的画里土星却是个月牙状，这是从不同的角度看土星的结果，并且符合科学事实，所以我觉得他的思路确实很新奇。这组画给我的震撼很大，使我想到我这一生应该从天文美术这样的角度去宣传天文学、普及天文知识，这是最有效的手段。于是我珍藏了那份画报，直到现在还保存着。从此，我就开始收集天文美术的作品。顺便指出，1995年我在美国波士顿图书馆里看到一本图片日记，作者用每天贴图片的方式记录日记，里面就有邦艾斯泰的那幅土星图，后来我发现在许多书籍杂志上都用过这张图，这说明天文美术的影响力是非常广泛的。

1954年，上海出版了我和卞德培编辑的《天文学图集》，其中有不少太空美术作品，对天文教学和普及都起过一定的作用。

太空美术作品不仅可以在图书里有所展示，在天文学展览里，它也占有一席之地，世界各地经常有天文图片的展出。1957年，北京天文馆落成开馆，有16幅临摹邦艾斯泰等人的太空美术作品在天文馆圆廊中展出达一年之久。

我真正参与太空美术，把太空美术作为一项事业来进行，是从1975

年开始的。那时,我搜集了苏联许多画家的太空美术作品,集中在北京天文馆里展览。我最初搜集英、美、法等国的太空美术资料,后来又搜集到了苏联的资料。虽然苏联很早就发射了人造卫星,但是苏联的太空美术画在世界上的普及度和影响力都不算高。因为当时美、英、法等资本主义国家经济比较发达,印刷技术也比较高,这类画作可以大量印刷普及,苏联在这方面比不上西方国家,印刷的太空美术画作也很少。比如,《人和宇宙》这本书,大概有100多幅彩色插画,是不错的天文普及作品,但是在西方的传阅率却不高。也是在1975年,美国的米勒出版了太空美术的专辑,它收集了从19世纪到20世纪天文美术和太空美术名家的作品,从这本书里可以清晰地了解到太空美术的发展历史,可以说,这本书给我提供了研究太空美术的珍贵资料。

1980年,日本太空美术画家岩崎贺都彰赠送给中国科学院一本他的太空美术画册。我知道后,就和他联系,写信详细叙述了我对太空美术的爱好和研究,他非常友好,随即就给我寄来了画册,并且回信给我:"我和中国人民有很深的感情。我诞生在中国的大连,10岁回到日本,所以我把这本画册送给中国,表达我对中日友谊的美好祝愿。"此后我和他建立了数十年的深厚友谊。1983年邦艾斯泰和岩崎贺都彰两人在东京联合举办画展,岩崎贺都彰邀请我参观,虽然最终没有成行,但是岩崎贺都彰介绍我认识了杜兰特(F. C. Durant),杜兰特是美国火箭学会第一任会长,后来成为美国宇航博物馆副馆长。杜兰特很热心,给我来信,还寄来许多资料和书籍,他表示很高兴认识我这样爱好太空美术的朋友。

资料多了,我就产生了搞一个图片展览的想法,我想虽然我无法去东京看邦艾斯泰和岩崎贺都彰的原作,但要是我在中国做一个太空美术图片展览也很有意义。我就把这些年来搜集到的所有太空美术的图片和照片,在科普研究所的主持下做了40块约2米高、1米宽的展示板,在北京、上海、南京、乌鲁木齐等十多个城市展览,展览名为《宇宙在召唤》。展览反响很好,影响很大,中央电视台也报道过。1986年新年,美国太空美术大师邦艾斯泰在他97岁生日之时给我来信,感谢我对太空美术的喜爱和在中国宣传普及他的作品,他说如果要想让青少年爱好太空美术爱好天文学,应当多做些展览,让他们多看看天文画作和照片,从而激发兴趣。1988年,在大连专门举办了岩崎贺都彰的太空美术画展,大连是他的诞生地,对促进中日文化交流、促进中日人民之间的友谊发挥了很好的作用。

我和杜兰特联系比较多,他是美国"国际太空美术中心"(International Center for Space Art)的负责人,负责联系、统筹与太空美术有关的事宜,在他的帮助下,我结识了许多太空美术作家,比如米勒。1995年,我去美国访问了杜兰特和米勒,和他们建立了深厚的友谊。我

1995年李元与太空美术评论家杜兰特在其华盛顿特区住宅前合影

在美国第一次看到了大量的太空美术原作,感到十分振奋,以前我都是在书籍、杂志、报章里才看到的。

大概是在1992年,杜兰特和米勒合作出版了《地球以外》,介绍邦艾斯泰的太空美术。这本书里除了收录邦艾斯泰的画作之外,还收录了许多世界知名的太空美术画家对邦艾斯泰的评论。书里也收录了我的评论:"太空美术是搭建人类与宇宙的桥梁。"杜兰特反复引用过我的评论,我在一些书籍上看到过,包括美国的《科学文摘》杂志。杜兰特把世界知名的宇宙飞船专家冯·布劳恩和克拉克(A. Clarke)的语录同我的语录并排放在一起,令我受宠若惊。

我在中国推广太空美术、举办太空美术展览,引起了一个人的注意和兴趣,他叫喻京川,从小热爱绘画。1980年,我在《少年科学画报》上刊登了一组太空美术画,他看到这些画作后,产生了浓厚的兴趣,报考了美术学院,立志将来也要做太空美术画家。1991年,喻京川通过一些渠道认识了我,向我表达了他的想法,我看他画得很不错,就介绍他进入北京天文馆。20世纪末,天文馆正式吸收他成为天文馆的一员。他现在是中国第一个太空美术画家,也是中国首批太空美术画家中作品最多、最好的一位。

1997年,国际科幻大会在北京举行,我有幸在会上见到了苏联太空美术画家列昂诺夫。他是一位很有名的宇航员,曾经参与和美国阿波罗飞船的对接工作。他是第一个漫步太空的人,同时又是一名画家,他看到太空后所画出来的太空景象是最真实的第一手资料,具有很高的价值。

2001年,我随黑龙江科技馆去日本做天文仪器调研。这是我第二次访问日本,只有七八天时间,我专门抽出一天和岩崎贺都彰联系,他开车到东京接我,带我去参观他建立的宇宙美术馆。这个美术馆离东京200多

2001年3月李元访日时与岩崎贺都彰在宇宙美术馆前合影

公里，巨幅的宇宙天体图镶嵌在馆外正面墙上，显示出一种宇宙美术的特色。馆的二层陈列着他的宇宙美术作品原件，取名为"岩崎一彰的世界"，我看过他的所有作品后，深受感染。该馆屋顶是天文台的圆顶室，有他的直径65厘米的反射望远镜，他向我演示了全部自动化的功能，后来在底层的巨大屏幕上，我看到了当时的太阳活动情况。他的宇宙画围绕在圆廊中展出，顶棚是他手绘的银河系，用灯箱展映，仿佛观众是在银河中观看宇宙。馆底层有一个文化艺术沙龙，可以坐饮咖啡，可以欣赏音乐。岩崎贺都彰本来就是一位音乐爱好者，也是一位歌手，和我的爱好相同。

2003年秋天，我应中央电视台之邀，在《百家讲坛》中讲了一集《太空美术欣赏》，展示了大量太空美术作品，收视率很高，据电视台统计大概有上百万，这也是国内第一次通过电视普及太空美术活动。

在杜兰特的帮助下，我对太空美术作品有了更广泛的了解，我更觉着像中国这样的航天大国，应该在太空美术方面有所进展，但是我们在这方面的发展远远比不上苏联、美国、法国、英国等国。我儿子在美国,所以我购买国外太空美术方面的画册还算方便,我可以搜集到许多资料。我也希望在这方面能有更大的作为。

2004年12月12日,北京天文馆新馆建成开放之际,专门举办了小型太空美术展览,展出了中国太空美术画家的作品,这表明中国开始重视太空美术的普及工作了,人们对太空美术越来越感兴趣。天文馆委托我和喻京川、陈丹编了一本反映世界太空美术的画册,命名为《宇宙在召唤》,这是中国出版的第一本太空美术画册。

2006年3月,中国科技馆举办了由我策划的"国际太空美术作品展",共展出国内外著名太空美术家的名作复制品80多件,反映了美、俄、日、英、法、德等国在太空美术方面的水平。这些作品主要选自著名的科技博物馆、天文馆、宇宙美术馆,以及美术家的个人赠予和若干图集书刊中。这也是21世纪以来我国首次举办这样的展览。这次展览是在我国航天事业取得重大成果、"神舟五号"和"神舟六号"飞船相继发射成功、中国航天员遨游太空完成各种科学实验之后举办的,同时我国的探月工程已经宣布启动,所以得到了航天部门的支持,因此具有更大的现实意义。

除了举办展览外,我也发表过一些相关文章。第一篇有影响力的文章是1980年发表在《科普创作》第4期上的《世界太空美术巡礼》。这是中国人第一次在自己的刊物上发表长篇文章论述太空美术,在中国算是一篇具有开拓性的文章。1992年10月,亚太地区天文教育研讨会在北京召开,我在会上宣读了我写的《太空美术与天文学》英文稿,并放映了50张太空美术图片,引起一定反响。1993年10月,该英文稿发表在日本东京出版的天文教学杂志上。我还发表了一些介绍国外著名太空美术画家的

李元访谈录
Interviews with Li Yuan

2006年3月李元在中国科技馆B馆（穹幕影厅）举办的《国际太空美术作品展》前留影

文章，比如介绍邦艾斯泰，介绍麦克尔（R. Michel）的《太空世界》。2006年4月，我在《科普研究》上发表了长文《太空美术与科学普及》。

目前，我在《天文爱好者》《太空探索》《中国国家天文》等杂志上辟有推广太空美术的专栏。我对太空美术满怀热情，一直坚持做这方面的普及工作。我觉得搞艺术的人不懂科学，就如搞科学的人不懂艺术一样，是不对的。其实艺术是很好的普及科学的手段，因此，能培养出用艺术的手法普及科学的人，是非常重要的。

关于我国在太空美术创作方面的成就还应该提到吴同椿的宇宙星云绘画。吴同椿从1983年开始在江苏省科普美术家协会工作并从事艺术创作，并为中国科普研究所1984年在南京举办的"宇宙在召唤"展览给予了大力支持，更进一步提高了他在科学艺术上理论与实践的水平。吴同椿的"星云世界"是用中国美术的特色来表现的。粗犷、宏伟、深远、动态是这些星云画的特有风格，具有超乎现实的丰富内涵与意境。2001年，中国科学院南京紫金山天文台成功举办了"吴同椿星云美术作品展"。2002年他创作的《球状星团》《天空之眼》等 12 幅中国画作品，受到特邀参加了天津市首届"艺术与科学"美术作品展。2004 年他的 20 幅星云美术作品应邀参加北京天文馆新馆落成典礼暨首届中国太空美术作品展览，其中《恒星诞生》为北京天文馆收藏。2006 年他的《太阳的激情》等 5 幅作品参加了本年度江苏省"艺术与科学"美术作品展。

　　无论在科学界还是在科普界，作为一个普通的天文工作者，能够向毛泽东、周恩来、朱德、刘少奇、陈毅、邓小平等国家领导人讲解天文，同时还能聆听他们的即兴讲话，都不是件容易的事情。他却是幸运儿。这些接触与交流不仅使我们了解了领导人对国家科学发展的看法，同时也让我们领略了伟人的风范。

第6章
接待国家领导人

紫金山上聆听毛泽东"谈天"论古今

访：您在紫金山天文台工作时，曾给毛主席讲过天文；在北京天文馆时，陪周总理一同观测星空，听说您还同其他老一辈国家领导人见过面，我们对这些会见特别感兴趣，您能讲一讲这些故事吗？

李：在我这一生的天文科普事业中，与国家最高层领导人有过接触，令我终生难忘，并且，这些接触在中国科普史上也产生了重要影响，下面我就分别谈一谈。

我是在1953年2月23日下午见到毛主席的，那天毛主席是到中国科学院紫金山天文台视察参观。我记得那天是阴天，春节刚过不久，天还比较冷，而且山上的温度比山下更低一些。当天上午大概10点多钟，中国科学院南京办事处给孙克定副台长打了一个电话，说下午有重要领导来台里参观，台里一定要打扫干净做好接待准备。中午时，中科院南京办事处就派车给台里送来好多鲜花、水果、糕点之类的东西,摆放在了贵宾室。紫金山天文台以前还没有碰到过这么隆重的接待安排,所以大家都很好奇。当时台长张钰哲已去北京参加中科院访苏代表团,不在台里,由孙克定副台长主持台务,我当时担任天文台学术秘书。孙副台长立即召集全台人员在图书馆开会,告诉大家下午将有一个重要接待,由他和我一起负责接待事宜,叮嘱其余职工都在自己的岗位上工作,不要随便走动,要遵守纪律,不要随便外出。听了孙副台长的话,气氛一下子紧张起来了,大家心里都起了疑问:这么隆重的接待,要来的贵宾会是谁呢?

大概下午2点左右,我们接到通知说贵宾马上要来了,要我们做好准备。我们赶紧从办公室往外走,刚走到外面就看到有一辆吉普车开过来,从车上下来的竟然是毛主席!我简直吓了一跳,心里别提多激动了,激动得都有些发憷了,一瞬间感觉紧张极了,连主席穿的什么衣服都没看清,我告诉自己得赶紧稳定情绪。

陪同毛主席来的还有当时的上海市市长陈毅和南京市市长柯庆施。陈毅同志向前走了一步,对毛主席介绍说:"这一位是孙克定同志,他以前在老区就搞自然科学工作,现在担任天文台的副台长。"孙克定曾经是陈毅的部下,和他比较熟,所以陈毅首先就把孙克定介绍给毛主席,毛主席用右手指在手心里写了一个"孙"字,问孙副台长是这个字吗?孙克定点头说是。毛主席又问:"是哪一位科学家担任台长?"孙克定说:"是张钰哲,他现在去了北京,参加中国科学院访苏代表团的准备工作。"主席接着问:"他是在哪里学天文学的?"孙克定说:"是在美国芝加哥大学攻读天文学,获得博士学位。他还发现了一颗小行星,是中国天文学家发现的第一颗小行星,按照国际天文学界的惯例,由发现者定名,因此张钰哲就把这颗星起名为'中华'。"之后,孙克定副台长就把我介绍给毛主席,他说:"这是李元同志,是台务秘书,今天下午就由他来介绍台里的情况。"我激动极了,急忙上前一步,同毛主席和陈毅同志都握了手。毛主席问我说:"你的名字是哪个'元'?"我回答道:"木字旁一个'元'。"①

我们先请毛主席到休息室休息一下,毛主席坐下后,看到房间里放着鲜花、水果、点心等东西,就说:"我今天是来看看的,不是来吃这些东西休息的,我们先去哪里看?"我说:"台里现在使用的是一架20厘米的望远镜,请主席先去看看。"

出了房间往左走,就是天文台小台,装有20厘米的天文望远镜。从贵宾室到小台距离不到100米,领导们边走边聊,因为我只是讲解人员,不能和主席站得太近,只能在讲解时待在主席身边。

我们进入了天文观测室,陈毅同志站在我旁边,我先向毛主席和陈毅同志介绍说:"这是天文观测室,是半球形的,在观测时要先把天窗打开。"那时天窗不是电动的,需要人工打开,我一拉绳索盘,天窗就打开了。主席笑着说:"这是打开天窗说亮话喽!"大家都笑了起来,我也感到轻松了一些。我再转动手柄,观测室的圆顶就转动了,发出隆隆的响声。陈毅同志幽默地说:"天旋地转喽!"孙副台长站在主席旁边,主席问:"这架望远镜多大倍数?"孙副台长说:"天文望远镜是论镜头的直径,不像一般望远镜论倍数。"我接着说:"这架望远镜前面的这个镜头叫作物镜,直径是20厘米,光线通过镜头折射到人的眼睛里,我们就是用后边这个叫目镜的镜头来观测星球,所以叫作折射望远镜。"主席问:"这架望远镜能放大多少倍?"我说:"天文望远镜的放大倍数是可以变化的,用不同的目镜,可以有不同的倍数,这架望远镜有好几个目镜,可以把星象放

---

① 因为"杬"字在一般字典上查不到,常被人误写成"杭"或"抗","文革"后改用今名"李元"。

大几十倍到几百倍。但是因为空气在流动，所以倍数越大星象就越抖动，反而看不好。所以看不同的星星要选择不同的倍数。"陈毅说："我们军用的双筒望远镜最大只能放大15到20倍。"我还告诉主席，望远镜镜头越大，能收集的光越多，越能看得清楚，所以望远镜的直径大小非常重要；望远镜对准星星之后，转仪钟的转动带动望远镜转动，因为地球在自西向东转，所以我们得随时自东向西调整望远镜。我说，这架望远镜可以观察星星和月亮，白天可以观测太阳，把太阳的像投射在目镜后面木板的白纸上，就能看了。天文台的工作人员每天都要观测太阳黑子，因为太阳黑子的出现和地球上许多物理现象都有关系。"主席您想看什么？"我问。主席说："那就请你给我们看看太阳黑子吧。"这时我突然想到，今天是阴天，根本什么天象都看不到啊，见到主席后我太紧张了，竟然把这个给忘记了，居然还问主席要看什么天象。我赶紧道歉："主席，今天是阴天，没办法看太阳黑子，很对不起。"毛主席风趣地用湖南话说："我今天来看太阳黑子，老天和我作对！"大家都笑起来了。我说："虽然看不到太阳黑子，但是我们可以到楼下去看看天文照片。"于是我们又来到观测室楼下。

这个观测室陈列了20张天文照片，对天体都配有扼要的文字说明。我先介绍主席看了一幅九大行星和太阳大小比较的图片，作了概要性的讲解。随后，我又指着一幅日全食的照片说，它是1941年9月21日我国天文学家冒着日机轰炸的危险从昆明到达甘肃临洮后拍摄的，这是我国境内拍摄的第一张日全食照片。主席说，这张照片使他回忆起那次日食，陈毅同志和孙克定同志也说记得那次日食，因为它发生在抗日战争最艰苦的年代。主席问照片是谁拍摄的，我说是张钰哲台长。主席点头说："很好，很好。"

随后我又介绍了一幅哈雷彗星的照片，大家对这幅照片议论了很久。

我说:"我国在历史上也对哈雷彗星有过很多记录,但是哈雷是用数学方法计算出哈雷彗星的精确轨道的。"我给主席介绍说:"这张照片是在1910年辛亥革命前一年拍摄的,即哈雷彗星回归地球时拍摄的。哈雷彗星每76年回归一次,下一次将在1986年出现。彗星的尾部总是背着太阳的,它的尾巴是太阳光的压力所造成的,有的彗尾足有几百万公里长。彗星看起来大,其实没什么东西,物质密度很小。"听到这儿,毛主席说了一句非常中肯的科普语言,他说:"彗星是吹牛皮,空虚得很呢!"我觉得这话说得真好,说得比我们艺术多了。我接着说:"彗星的质量是很小的,所以1910年5月,哈雷彗星的尾巴虽然扫过地球,但是地球平安无事。"主席说:"幸亏它质量小,要不然这个扫帚星早就把我们的地球不知道扫到哪里去了。"

随后,我们又来到牛郎织女星的照片前,我介绍说,牛郎星离地球16光年,织女星离地球27光年,两星之间的距离是16光年,一光年就是光走一年的距离,大约是10万亿千米,两颗星别说七月初七见面了,就算是打个电报来回都得32年才能收到呢,大家都被我的话逗笑了。我又向主席介绍银河系的构造,我说:"银河系的直径大概有10万光年,它自己转一圈都要2万万年,太阳只是银河系中普通的一个小点。"毛主席说:"真是天文数字!"之后,我又讲解了天文学领域内很有名的一幅照片,即仙女座大星云,我说:"这个星云很有名,离我们有80万光年,这是银河系外面的银河系,而这样的星系还有很多很多。"毛主席说:"这和我们关系不大。"我一听,心想:"这个不能说下去了,因为毛主席都说这个和我们关系不大了。那我不能再说下去了。"其实,主席说这句话只是在和我们开玩笑而已,他还问我是否知道不久前英国海登关于太阳系起源的又一种新学说,我不禁暗自佩服主席学识渊博。

看完照片后，到了室外，在古代天文仪器旁边，有一个大圆顶，叫作大台，里面放着紫金山天文台所存的最大的反射式望远镜，也是当时东亚最大的望远镜。在抗日战争时期，天文台被迫迁往昆明，我们把镜头拆下来和一些图书资料一起带到了后方，它的钢铁结构部分由于无法移动，所以都留在原地。钢铁结构部分在抗战时遭到了破坏，大台的大圆顶都被炸出了个窟窿。我就给主席汇报说，这个仪器的钢铁结构部分被损坏了，已经没有办法用了，我们没有此类技术人员，没有办法修理。毛主席听到后就对陈毅同志和我们说："你们要把它修好，将来我们还要做比这更大的天文望远镜。"在毛主席视察之前，我们也已经给陈毅市长说过，请求上海派专家来协助修理，上海方面也派专家帮我们一起修整过这个仪器。后来，我国邀请德国蔡司厂的专家，在1955年把它修复了。

我们又来到古代天文仪器陈列处参观。说到古代天文仪器，前面已经提到了八国联军侵华时的那段历史。1933年，日本占领华北，故宫博物院的文物珍宝都被南运了，同时南运的还有古观象台上的浑仪和简仪，中央研究院决定把这两件仪器运到南京，搬到紫金山。

我向毛主席介绍的第一个仪器是天体仪。这个天体仪其实不是原件，因为原件在1900年时被德国抢走了，于是北京古观象台就仿照这台仪器做了一个小的，叫作折半天体仪，直径比原件小了

1953年2月23日，毛泽东主席参观紫金山天文台时在天体仪旁听李元讲解。右起：毛泽东、柯庆施、李元、孙克定。

一半，大约1米。我这时情绪已经稳定下来了，心情平缓了许多，这回才看清楚毛主席的穿着，我看到毛主席穿着一身黄绿色的制服，站在天体仪旁，认真端详天体仪。孙副台长说："立体的东西，体积是按照直径的3次方来计算的，所以直径折半，体积只有原来的1/8。"我向毛主席详细介绍了天体仪不但可以演示当夜星空出没的情况，还可以演示不同季节太阳在星空的位置、出没时间和方位等。我还把天体上镶嵌着的北斗七星、牛郎星、织女星指给主席看。

看完天体仪，我们又来到浑仪跟前。浑仪是在明朝正统二年，也就是公元1437年制造的，它是一架高大的天文仪器，4条龙托着几个巨大的圆环。我给毛主席介绍它的结构、原理和用途时说："这是我国古代智慧的结晶，无论从科学上还是艺术上，都是非常有价值的。这个仪器是用来测量星球在天上的位置和它们移动的角度的。为了保持仪器的水平，它在四座上还有水槽，用灌水的方法看它平不平。浑仪命运多舛，曾遭遇了两次浩劫。第一次是在1900年八国联军侵略北京时被德国抢走，陈列在德国的皇宫里。1920年根据巴黎和会《凡尔赛和约》的规定，于1921年归还给中国，放在了北京古观象台。在1931年古物南运时，它和另外7件古代天文仪器被搬到了南京紫金山天文台。第二次浩劫是在抗日

1953年2月23日毛泽东主席在浑仪旁

战争时期,我们要向昆明撤离,这个古代仪器由于非常大非常重,根本没有办法搬走,只好把它留在了紫金山天文台,经过了八年抗战,它又损坏不小,许多龙爪都被损坏了。经过战争的灾难,这架仪器也更闻名了。"毛主席说:"一定要把这些故事讲给老百姓听,让人民知道我们遭遇过什么灾难。该修的仪器都要修好。"给毛主席介绍仪器的照片,后来登载在1977年9月11日的南京《新华日报》上,这是我所看到的最早在报纸上发表的毛主席视察紫金山天文台的照片。

之后,我们又来到简仪前,我介绍说:"简仪是对浑仪的简化和改进,它的结构比浑仪更简单,使用更方便。它是元朝天文学家郭守敬所设计的,和浑仪一样都是中国的国宝。"主席仔细看了我用简仪做的观测演示,很关心地说:"为什么不给它们盖个亭子保护起来?长年风吹雨打不是很容易损坏吗?"我说:"几百年来就这么放着,它的表面已经形成了一层保护层,不大要紧。"主席点头说:"这些都是国宝啊,要仔细保护好!"孙副台长说:"我们一定注意保护!"

简仪介绍完后,我又请主席走到圭表前,圭表安装在正南正北的子午线方向上,用中午太阳的影长定节气和一年的长短。我指着简仪和圭表之间的子午仪室,介绍安装在子午圈上的子午仪,它是在夜晚精密测定恒星经过子午圈的时刻,用来校正钟表的。精密的天文钟安装在地下恒温室内,非常精确,广播电台的报时,就是根据天文台提供的时间讯号而发布的,可见天文观测对于国计民生有实际意义。定节气、编历书、航海、航空、测量所依赖的天文年历都是天文台的工作。主席说:"我们要多向群众介绍科学知识。"

介绍完圭表,天文台的大概情况就算介绍完了。简仪的南边,有个小山冈,叫作天堡城,它也是个重要的历史遗址,是太平天国时期太平军和清军浴血奋战的地方。因为它地势高，所以在上面可以鸟瞰南京的全景，从长江到中山陵的景色尽收眼底。陈毅同志提议大家上去看看，问主席是不是要去看看，主席说："好，我们上去看看吧。"于是我们就沿着小山路一同上去了。到了顶上，主席席地而坐，陈毅坐在他旁边，两人开始纵论天下大事，我和孙克定都站在他们旁边听着。主席说："三国时，诸葛亮就对孙权说过'钟阜龙蟠，石城虎踞'，用来概括金陵形势。'龙盘虎踞'就是指紫金山像条龙蜿蜒而来，南京城像老虎一样蹲在那里。今天这个形势依然如故。"主席还说："天堡城地势险要，是保卫南京的前哨阵地。当年太平军与曾国藩展开血战，坚持了两年多，真不简单。如果当年洪秀全能不计较一城一地的得失，情况就会好得多了。"我记得陈毅还用四川话说："曾老九是主席的同乡啊。"后来，我读到毛主席的著名诗篇《人民解放军占领南京》，不禁又回忆起当年他在天堡城上说的这番话，诗篇的内容和谈话内容大有相似之处。主席在天堡城上纵论古今，兴致很浓，罗瑞卿同志感觉天气寒凉，就关心地说："时间不早了，该下山了。"大家才跟随主席一同下山。

毛主席一行在紫金山天文台待了2小时左右，当毛主席从天堡城上面下来，走到吉普车旁准备离开时，我突然想起来一件事，就对主席说："主席，我还有一件东西想给您看，是1952年4月1日坠落在江苏省如皋县的陨石。"主席说："好啊。"我就赶紧拿来给主席看，这块陨石重约5千克，形状不太规则，大体上是方的，呈灰黑色。主席拿在手里很仔细地端详了一会儿，说："陨石是一种物质。天上和地上的东西都是物质构成的，不是神创造的。这个陨石是唯物主义很好的证明。世界的真正统一性是在于它的物质性。"我又说："主席，我还想送您一些东西，是我写的文章和编的图册。"主席说："好啊。"于是我把我编写的一本《天文图画册》送给了毛主席,其中就有刚才看过的那些天文照片。我还送给毛主席一本《大众天文》杂志,里面有一篇我写的文章《人民的紫金山天文台》,主席都收下了。开车前,主席和我们握手道别,这时我的心情更加激动了。两小时前见到主席时,我怀着敬畏和神秘之感,现在陪同主席参观了两个小时后,我的心情完全不一样了,神秘感消失了,更增添了激动和亲切之感。握手道别后,主席先上了吉普车,陈毅跟着从后门上去,再次和我们道别。

  毛主席走后,孙克定副台长立刻召集紫金山天文台全体职工在图书馆会议室开了会,总结了今天的情况,大概意思是说,今天我们台里隆重地接待了毛主席参观紫金山天文台,这是我们极大的荣誉。上级指示,这件事情必须严格保密,对于家人和朋友都不能说,也更不能留下任何文字记录。由于在主席参观时,台里除了孙克定和我陪同外,其他人都按指示待在自己的办公室里不许出来,所以其他工作人员都很好奇毛主席参观了哪些地方,看了哪些东西,讲了什么话,他们都纷纷来问我。

  在这里我还要顺便说一件事,我要谈谈为一张重要的照片平反的事。那件事发生在1978年在北京举行全国科学大会期间。当时各大报纸都用整版的篇幅刊登了国家领导人与科技工作者谈话以及到科学机构视察的照片。其中在显要位置上有一张毛泽东主席在紫金山天文台的照片。刚才讲过,那一次是紫金山天文台的孙克定副台长和我一起参与接待工作的,但是使我惊讶的是,照片上没有了孙克定副台长,而当时的照片上是有的。后来的照片上原来孙克定的位置变成了空的。当时"文革"刚结束不久,谁能去纠正这个错误呢?每次看到报刊上介绍这张照片的文章时,我总要拿出我保存的那张原照进行比较。后来我想了一下,我应该为这件事情说几句公道话,我就给中科院院史办公室写信,为这张照片平反,并寄出了这两张不同的照片，形成了鲜明的对比。孙克定是上海交通大学学数学的，后来在新四军中推广用简易方法指导炮兵掌握射击技术，很有成效，因而闻名。陈毅同志在紫金山陪主席视察时还提到此事。"文革"中给孙克定同志加上莫须有的罪名，结果把照片上他的影像也删除了。1978 年，一般人不了解这个情况，还是使用了造假的照片。这件事情让我很气愤。

天文馆里陪同周恩来仰望星空

1957 年 9 月 29 日，北京天文馆建成开放，它是新中国第一座现代化科普场馆。开放后没几天，10 月 4 日，苏联发射了第一颗人造卫星，人类从此进入太空时代，世界范围内掀起了一股太空热，人民群众争相观看人造卫星从天空经过这一景观。北京天文馆当时组织了人造卫星的科学观测和群众观测，也进行了相关科普宣传活动，还上演了第一个人造星空表演节目——《到宇宙去旅行》。

10 月 7 日晚上 10 点多钟，我接到天文馆领导通知，快做准备以接待中央领导视察。一见面，我才知道是周总理来了，内心十分激动。陪同人员告诉我，总理这次来，是想要观测苏联人造卫星，他们问我在哪里观测比较好，我就领着周总理一行来到天文馆的广场上观测。我说："有一个更大的望远

1957 年 10 月 7 日夜，周恩来总理在北京天文馆参观时正用望远镜看星。右为李元

镜，安装在广场旁边的小天文台里，我们要不要去那里看？"总理问我："那里现在是用来干什么的？"我回答道："那里现在正在对人造卫星进行科学观测。"总理说："那我们就在这里看吧，不要打扰他们的科学工作。"

我就地给总理介绍了卫星的路线、方向，总理拿起他随身携带的双筒望远镜，开始观测，我也拿起我自己的双筒望远镜，陪着总理看。就在这时，随同的新华社记者"啪"地拍了一张照片，总理说："闪光灯太晃眼了，不要再照了。"于是记者没有再拍照，我们继续观测。但是由于当晚月光太亮，卫星太暗，我们没能成功观测到卫星。

我对总理说："虽然您没有看到真正的卫星，但是请您到天文馆里看看人造星空表演。"总理问："需要多长时间？""40分钟。"我回答。"我没有那么多时间，我只有15分钟。"总理说。我说："没关系，我们就按15分钟来表演。"总理同意了。我们进入天文馆天象厅，我先向总理简单介绍了表演仪器的性能，随后赶紧和工作人员商量怎么把节目表演好，做哪些取舍。商量好后，我们就开始表演，表演内容有：天空星座、地球的自转、日全食现象、大彗星现象、流星雨现象、嫦娥奔月、从远方看太阳系的现象、牛郎织女的故事、无限的宇宙和日月星球。在表演当中，不时穿插一些关于星象的有趣的笑话，引起了总理的兴趣，总理也不时向我们发问。15分钟的表演结束了，周总理揉揉眼睛，说："我好像做了场很有趣味的梦一样。"

然后，总理又询问了一些业务方面的问题，比如我们的工作职责都是什么，天文馆有些什么表演和陈列之类的。当我告诉总理，工作人员大都是20多岁的年轻人时，总理说："你们都很幸运啊，这么年轻就从事这么好的科学工作。"总理问我，什么样的城市可以建造天文馆，我说："100

万人口的城市可以建造天文馆。"总理马上说:"我国这样的城市有13个。"总理又问建造一个天文馆要多少钱,我说大概要100多万。总理说:"这个天文馆建设得挺好,我回去后要让领导同志们都来看看。但是你们这个天文馆建造得太豪华了,都是大理石铺地铺墙,以后要精简节约。"原本总理说只有15分钟时间,但是现在总理的兴趣上来了,和我们一共谈了30分钟左右。虽然当时已经是半夜,但是天文馆的工作人员听说周总理来视察了,都非常激动,大家自发聚集到天文馆门厅,列队欢送周总理,周总理和每个人分别握手道别。

此后不久,真的有很多领导陆续前来视察,有集体来的,也有自己单独来的。像邓小平、刘伯承、朱德、林彪等都来天文馆参观了。小平同志第一次来天文馆是和刘伯承元帅一同来的。

1957年10月邓小平同志参观后步出北京天文馆

我曾经两次见过刘伯承元帅。第一次是1954年之前在南京的时候,有一天,我和同事从紫金山天文台上走下来,看见刘伯承元帅正在一名警卫的陪同下在山路上散步,那时他正担任南京军事学院院长,我们没敢贸然打招呼,看了看就走了。第二次见他就是在北京天文馆里。1957年10月,他和几位国务院副总理一同来天文馆参观。在贵宾室休息时,他对我说:"你们翻译过一本苏联的《天文爱好者手册》,我还在看这本书呢,很

好。"我对他说："那是我们紫金山天文台的工作人员集体翻译的,我也参与了翻译工作,我还曾经在紫金山天文台的山路上看见过您呢。"

朱总司令是在周总理视察后不久来的。我觉得他非常朴实,用现在流行的话说就是"低调"。事先没有任何预告,他就不声不响地来了,完全没有惊动天文馆的任何工作人员,只带了一两个随从,以普通观众的身份,坐在了人造星空表演的观众席上。我当时正在台上准备表演,突然看见朱总司令坐在观众席,很激动,心想今天可一定要仔细表演,千万别出错。观看完表演,朱总司令和我们打了个招呼,又悄无声息地走了。

1957年10月9日,刘少奇副主席和夫人王光美来到北京天文馆,那天正是苏联发射第一颗人造卫星后的第五天,同来的还有苏联驻华大使尤金。刘副主席的小卧车就停在天文馆门口,我就在他车旁负责接待。首先下车的是他的夫人王光美,她对我说："先给我们介绍一下馆里的工作人员,认识一下。"王光美给我的印象是文质彬彬,气质高雅。王光美告诉我,他们是先去展览馆看完印度展览会再来的,本来毛主席也要来,但是因为感到疲惫就没来了。

我先带他们去参观天象厅圆廊的16幅太空美术画,这时馆长陈遵妫也来陪同参观了,我则负责讲解画面。王光美是学物理出身的,所以她一听就懂,在我介绍的同时,她也做了些补充说明。因为太空

1957年10月9日夜,刘少奇副主席视察北京天文馆,图为欣赏太空美术作品时的情景。前排右起:陈遵妫、王光美、刘少奇、李元。左二为尤金

时代的到来，所以大家看得很有兴趣。尔后，陈馆长请他们到天象厅观看《到宇宙去旅行》星空表演。陈馆长坐在前一排，刘少奇和王光美坐在后一排，我在操作台上进行讲解，由卞德培等同志操作表演，共40分钟。少奇同志很满意我们的工作，表示赞赏和关怀。他还对陈遵妫馆长说，以后如果有什么问题可以直接打报告找他，以便迅速解决。

陈毅副总理应该说是与北京天文馆关系最密切的国家领导人了。北京天文馆的筹建经费是由中国科学院负责，建设施工是由北京市来负责的，但是北京市当时缺少一个任务下达的文件，于是，中国科学院就写报告给陈毅副总理说明情况，陈毅副总理就批示了文件："交北京市办。"于是北京市才开始承担天文馆的建设施工工作。其实，陈毅副总理在1956年率团赴拉萨参加即将召开的西藏自治区筹备委员会成立大会，团员里就有我们的馆长陈遵妫，说不定就与他对天文馆有深刻印象有关。据陈遵妫说，陈毅曾开玩笑说，他没有参加过长征，走一趟西藏是补长征的课。

1957年9月29日，陈毅副总理参加了北京天文馆的开馆典礼。早在天文馆开馆之前，即1956年9月陈毅副总理就已经参观过古观象台。那是1956年秋天的一个夜晚，当夜火星最接近地球，陈毅就在北京古观象台观看到了这一景象，他自己用望远镜观测了火星。

陈云副总理对天文学也非常感兴趣，甚至可以说是兴致勃勃。北京天文馆开幕不久他就来了，并对大众天文台里的天文望远镜非常感兴趣，我陪同他参观了这台望远镜，并向他介绍了这台望远镜的来历、经费、构造、用途以及天文馆的经费来源等问题。

还有，虽然不是在天文馆，但很值得一说的是罗荣桓元帅。他像朱总司令一样，是一个没有任何架子的领导人。1956年5月1日北京古观象台向群众开放。当年秋天，北京天文馆的建设还未完成，我在负责北京古观象台的工作。一天，我正在办公室，突然进来一个警卫，说："我们首长要来参观。"我正在发愣，罗荣桓元帅就进屋来了，他身着便装，说："我想来这里看看，这是我的工作证。"边说边把工作证掏出来给我看。我很惊讶，堂堂大元帅居然把工作证出示给我这个普通工作人员看，我觉得元帅真是非常平易近人，很感动，赶紧陪同他参观了我国古代天文成就展和古代天文仪器。

中南海里的科普座谈会

陈曦：按事先约定，今天由我来采访两位"李老师"，话题是你们共同参加的在中南海向李岚清副总理汇报科普工作并参与讨论的情况。请李老先说吧。

李元：好的。那是2001年11月的事情。这一次不是我给李岚清副总理讲科普，而是很多人到中南海参加的科普座谈会。这次科普座谈会产生了重要的结果，后来对中国的科普工作有很大的影响呢。其实，这个座谈会是由一个电视节目引起的，也同时与我和大光有关。我看这样吧，这件事主要由大光来回忆，我来补充，这样效率高一些。

陈曦：李老师，那就请您先讲……

李大光：好吧。这得从美国著名的天文学家、科普作家卡尔·萨根说起。卡尔·萨根是美国人，他在世界上名声很大，主要是因为他突出的科普贡献。我们一般在谈到世界著名科普作家的时候总要先谈到萨根。他在美国的名气大到什么地步你知道吗？在1991年，海湾战争刚结束的时候，美国有关调查机构在美国青少年当中进行了一次"十大聪明人"的评选，卡尔·萨根排在第一位，当年海湾战争立了头等功的斯瓦兹科普夫才排在第二，里根和布什分别名列第四和第六。可见，他的名声有多大！

卡尔·萨根

卡尔·萨根

卡尔·萨根1934年11月9日生于纽约市布鲁克林区，1955年在芝加哥大学获得物理学学士学位，1956年获得物理学硕士学位，1960年获得天文学和天文物理学博士学位。20世纪60年代早期他就在哈佛大学执教。1971年任康奈尔大学正教授。后来他得了骨髓癌，于1996年12月20日在福莱德·胡钦斯癌症研究中心与世长辞，享年62岁。卡尔·萨根一生研究成果惊人。他的研究重点为金星上的温室效应、火星上的季节变化、原子战争所造成的长期环境影响、地球上的生命起源、外星智能生命探索等。由于他的学术研究和科普成就巨大，获得的奖项也非常多。

1980年，他自编自导自演了长达13集的大型电视系列片《宇宙》，在世界上引起极其强烈的反响，这部电视片被翻译成10多种语言，在60多个国家放映，观众达到6亿！这部电视片获得了米·彼博迪大奖。为了与这部电视片配套，他还写了科普书籍《宇宙》，当时是《纽约时报》连续70周发行量最大的畅销书，是历史上英语出版的科普书中发

> 行量最大的书籍。除了《宇宙》以外，他还有很多其他著述。在他一生写的30本书中，著名的科普书还有《伊甸园的飞龙》《布鲁卡的脑》《无人曾想过的道路：核冬天和武器竞赛的终结》《被遗忘的前辈的影子》《接触》《彗星》《宇宙中的智能生命》和《黯淡蓝点：人类在宇宙中的未来之展望》等，已被翻译成多种语言。《伊甸园的飞龙》还获得美国普利策奖。国际天文学联合会于1982年将编号第2709号小行星命名为"卡尔·萨根"。（详情可访问：www.carlsagan.com）

中国在较早前就翻译引进了《布鲁卡的脑》（Broca's Brain），是我国哲学家、社科院的金吾伦翻译的。《宇宙》（Cosmos）是李元组织翻译和校译的；我在1998年翻译了《魔鬼出没的世界》（The Demon-haunted World-Science as a Candle in the Dark），吉林人民出版社出版的。这两本书发行量都不错。后来，上海科技教育出版社还译介了几本萨根的书，包括《黯淡蓝点：人类在宇宙中的未来之展望》（Pale Blue Dot：A Vision of the Human Future in Space）。但是，由于各种原因，我国科普界和读者对萨根的了解不多。这样一个伟大的科普作家，我们当然想把他介绍到中国来，引起中国科学界对科普的重视，鼓励更多的中国科学家从事科普工作。同时，我们还认为，他的科普思想对我们理解科普工作具有启发性意义。

为了把萨根介绍到中国，我们做了很多工作。1999年初，我们在中国科技会堂召开了关于《宇宙》和《魔鬼出没的世界》的出版发行研讨会，在科普界引起了一些反响，许多报纸和出版社都进行了介绍。大家似乎对萨根有了一点了解了。2001年，在萨根逝世5周年的时候，北京电视台《世纪之约》栏目主动和我们联系，请我们三个人——我、李元老师和

北京电视台《世纪之约》栏目《魔鬼出没的世界》演播现场。左起：尹传红、李大光、李元、曾涛

尹传红①做一期节目，叫《魔鬼出没的世界》，用的就是我翻译的萨根的那本书的书名，主持人是曾涛。节目时间比较长，后来在北京电视台播放了两次，分上下集。

北京电视台播出《魔鬼出没的世界》以后，引起了很大的反响。我认为，除了这个节目采用萨根的书名作为节目名称以外，主要还是内容吸引人，萨根的科学思想和科普成就还是很伟大的。另外，《世纪之约》在背景设计和其他资料的处理上有独到之处，我还记得李元先生在节目中还唱了一首《叫我如何不想他》。

没有料到的是，李岚清副总理看了这个电视片的下集后，马上调看了全部节目。据北京电视台的人告诉我，李岚清副总理调看科技和教育类节目是经常的事情。

之后不久，李岚清通过组织渠道向全国科协要《魔鬼出没的世界》和《宇宙》这两本书。科协机关的人通知我送书到机关。大约一个星期以后，又通知说李岚清副总理要召开一个座谈会，邀请我们三个人参加。

接到通知以后，我很激动，也非常高兴。激动的是，我终于可以把自己的一些想法面陈国家领导人了；高兴的是，也许会对科普政策产生一些影响呢。在中国做事情，先说服领导人，然后由领导人来说话或者形成文

---

① 尹传红，曾任《科技日报》经济特刊副主编。

件,可能是最管用的方法。

陈曦:这个座谈会是哪一天召开的?谈了什么内容?

李元:我们是2001年11月23日去中南海的,要求我们上午9点以前到达。中南海很大,有湖有绿地,确实非常漂亮,与一墙之隔的喧嚣大街和闹市形成鲜明的对比。科协的汽车一直把我们送到会议地点。

李大光:是国务院第二会议室。

李元:那个会议室有一张巨大的圆形桌子,中间摆满盛开的鲜花。我们进去后就有人把我们三个安排在面朝会议室大门的座位上。后来陆陆续续来了很多人,很多是副部长或者副部长级的干部。我们三个坐在正中的位置,觉得很带劲。

9点整,李岚清副总理从会议室大门口的屏风后准时出现了,一派儒雅的气质,花白的头发整整齐齐,金丝眼镜后透出学者的风范。他没有任何寒暄,平静地坐下来后说,科普工作者做了很多工作和努力,但是,迷信和伪科学、邪教问题仍然很严重,表现形式不同。中央对待邪教的态度明朗,出来一个取缔一个。中国公民科学素养低,一方面靠取缔邪教,另一方面靠科学普及。他还提到成为"经济邪教"的传销,靠发展会员行骗,靠讲课蒙蔽群众,对其进行精神控制,危害很大,这些都是社会不稳定的重要因素。在电视上看到你们的对话很生动,很有教育意义,请你们三位来,谈论一下科普工作应该如何开展。

李岚清没有指名说谁先发言,因为我年岁大吧,我第一个发了言。我主要讲的是从毛泽东到最近的国家领导人关心科普的事情。第二个发言的是李大光,然后是尹传红。

李大光:我在参加会议之前,做了十分认真的准备。记得我的发言不到40分钟。我先谈的是萨根的基本情况,事后想来,把萨根放在第一的位置去谈，实在是一个败招，因为在后来的讨论中，众人只字未提萨根的名字。我本来觉得其实这个会议都是与萨根有关的，都是由于谈萨根才引发的座谈会。但是现在才明白，在中南海如此正式的场合，大谈一个老外是如何善于做科普是不合时宜的。

接下来我谈的是我国公众科学素养水平不高的现状。我从20世纪90年代初开始一直在做"中国公众科学素养调查"，所以，对这个领域的事情比较了解。我将1996年我做的全国科学素养调查数据和其他国家的调查结果作了比较详细的介绍。我认为，至少从数据上看，我国公众的科学素养水平是比较低的，与其他国家相比，排名在最后。我提议建立"中国公众科学素养教育大纲和标准"。美国已经有《2061计划》；印度国家科学技术传播理事会制订了一个关于提高印度公众科学素养的报告《全民基础科学》（*Minimum Science for Everybody*）；美国学者托马斯（F. J. Thomas）和肯杜（A. S. Kindo）成立了"国际成人素养方法研究所"（International Institute for Adult Literacy Methods），他们专门为第三世界国家设计了提高科学素养的计划，并在他们的报告《向科学素养迈进》（*Toward Scientific Literacy*）中提出了另一个不同的科学素养的概念。李岚清在听到这些计划的时候显然兴趣来了，他不停地仔细询问这些计划的英文名称和首先提出这些计划的外国人名字，好在我事先准备了中国科协刚刚翻译的美国《2061计划》的文章《面向全体美国人的科学》（*Science for All Americans*）和《美国科学教育基准》（*Benchmarks for Science Literacy*），他的秘书把这些书拿走了。

我在列举了一系列国际上的重大科学素养计划以后，话题就转到中国科协在1999年10月1日前起草的《2049计划》，建议制订符合中国国情的标准大纲，但是不知为什么一直没有得到批准。听到这里，李岚清马上要秘书打电话查问此事。

我在这个会议上提到的所谓《2049计划》，就是我们现在正在进行的《全民科学素质行动计划》。说来话长，这个计划最早应该追溯到1998年5月。当时在全国科协的会议上，大家认为应该制定一个长期的提高公众科学素养的计划，这个计划的名称就定为"2049计划"。含义是指要有一个目标，争取在中华人民共和国成立100周年的时候，将中国公众科学素养提高到一个很高的水平。当时，将这个计划的设计任务交给了中国科协调研室。他们做了很多研究工作，最后形成一个报告。但是，报告呈上去以后就如泥牛入海。我当时在座谈会的发言中提到这个事情，是因为我认为这件事非常重要。偌大一个国家，如果重视科普，就应该有一个合适的规划，而有了这个规划的建议却这么长时间不见动静，总应该弄弄清楚。在李岚清副总理的过问下，后来发布的《国务院科普座谈会纪要》中特别谈及这个问题，促使了这个计划的落实。2002年，经过重新审批，由科技部牵头，共同制订计划，后来就轰轰烈烈开展起来了。

我还谈到了有关政策问题，谈到要吸引更多的科学家参与科普，要让科学家不断在电视上出现就是树立科学家的形象，使科学家与媒体建立良好的关系，经常参加媒体的科普工作，而且这个科学家应该形象好、口才好等。在2002年年底召开"全国科普工作会议"的时候，我作为获奖代表坐在前排，李岚清在讲话中曾指着我说了一句"不是你说的，这个科学家的形象还要好吗"，这时，全场都朝我这个方向看，但是并不知道李岚清是在对我说，我觉得很有趣，印象很深。

我还谈到科技场馆的建设，提了几点建议：一是国家应加大投入力度，列举了日本有对博物馆的资金投资立法；二是建议对现有场馆进行清查、统计，加强管理工作；三是吸引社会力量，如企业甚至私人企业、个人进行投资，国家应该在税收上给予优惠。特别强调了国家应该对科普活动和科普设施建设给予税收优惠政策，当时还说了美国利用现有的设施建立科普场馆成功的例子。比如美国的很多州规定，工厂企业淘汰机器设备时，必须首先通知有关博物馆来挑选，如果博物馆认为适用，可以以最优惠的价格买走。美国旧金山"探索馆"1985至1986年财政年度管理资金中，转让、捐赠以及政府拨款占到全馆总收入的52%，赢利部分占48%，其中政府拨款为23%。在博物馆建筑与增修费用上，美国政府每年的正常预算不低于1 600万美元。记得我说到这里的时候，李岚清插了一段话，大意是，税收归我管，减免科普税收的问题，在我任期内会得到解决。在会后形成的《国务院科普座谈会纪要》中还真的特别谈到这个问题，后来国家税务总局制定了科普项目减免税政策，尽管减免税的力度并不像我们想象的那么大。

会上我还建议在中国的大学中开设科学传播课，并介绍了美国和欧洲许多国家开设科学传播课程，培养科学记者和科普创作人员，设置硕士学位、博士学位课程的情况。没想到，三年以后，我竟然到中科院研究生院来教科学传播课程来了。

李元：参加中南海座谈会的时候，尹传红是《科技日报》的记者，他是阿西莫夫迷，也喜欢科幻。除了李大光、尹传红和我三个"小人物"，其他参加座谈会的都是各个部的副部长或者是副部长以上的官员。[1]

陈曦：他们在会上发言了吗？李副总理做了什么批示呢？

李大光：我们三个发言后，各个部长们都发了言。李岚清最后大概谈

---

[1] 参加这次座谈会的有时任中宣部副部长高俊良，北京市副市长林文漪，教育部副部长王湛，科技部副部长邓楠，财政部副部长金立群，广电总局副局长徐光春，新闻出版总署副署长桂晓风，中科院党组副书记郭传杰，610办公室副主任袁隐，中央电视台副台长王庚年，北京电视台副台长张晓爱，中办调研室副主任李文广和中国科协副主席、书记处书记张玉台。

了四个大问题。第一个是对科普的认识,让全社会意识到这是落实"科教兴国"的重要基础,是一场科学与伪科学、科学与迷信的大战。还提到对领导干部应该普及科学决策,要经常举行科学讲座,请专家来给领导干部讲科学,然后根据建议做出重要决策。第二个问题是科普要立法。第三是科普基地的问题,要在地级市建立科技馆,对那些有名无实的要进行改造,有些倒闭的企业可以改造成科技馆。建设科技馆以国家投资为主,"科普法"中应该规定鼓励企业和个人的投资。应该统计一下现在多少城市没有科技馆。儿童、少年和成年人都应该在各个年龄段得到充分的科学教育。第四个是科普队伍建设问题。我们应该专群结合,像中国科普研究所这样的机构是专业研究机构,还要动员其他的出版社、媒体、实验室都参与科普。科研单位应将科研、科普和娱乐结合起来。西双版纳植物园结合得不好,很荒凉,能不能在那里建一个飞机场?交通便利了,就能建成国家级的大植物园。可以在中科院动物所搞一个标本博物馆,供大家参观,公开展出后可能就会有人送标本来。最后,他还说应该建立一个"科普人才库",科技人员志愿加入到人才库,他们的讲座和演讲可以制成DVD 和 VCD,使"点"的效应变成"面"的效应。

陈曦:会后的情况怎么样,对实际工作有什么重要影响呢?

李元:2001 年 12 月 6 日,也就是这个座谈会结束后 13 天,《国务院科普座谈会纪要》下发。据我所知,至少是中国科协很重视,也比较满意。中国科协张玉台书记对我们说:"你们为中国科协立了一功啊!"要说对实际工作的影响嘛,我想,最重要的就是在这次座谈会后的第二年出台了国家的科普法。

天上李元星下凡
科普载誉满科坛
箧中图象集珍品
笔底乾坤蔚壮观
风传雨润历五纪
李元壮心殊未已
请看今朝八十翁
高歌不让十八童
八十十八爱好同
相携天馆说天穹

他永远不会忘记那些引导他走上科学之路且长期从事科普工作的同事和好友们。他坚持要在本书中独开一章，畅谈他与这些良师益友的交往历史和难忘往事。

第7章
难忘岁月中的良师益友

科学前辈的引导

访：您与国内外许多知名天文学家有往来，他们中就有引导您走上天文学之路的人。现在我们就来集中谈谈他们，您看怎么样？

李：我希望是这样。只说我而不说这些人，我心里是过意不去的。

老一辈的人里，我首先要说高鲁，是他给我指明了走上天文学道路的方向。高鲁是中国近现代天文学的奠基人，也是中国天文学会的发起人和首任会长，辛亥革命以后担任中央观象台第一任台长。中央研究院在南京成立时，建立了天文研究所，他就是天文研究所第一任所长。后来，他又被调任法国当驻法公使。他是我最早接触的天文学家。我和他是如何建立关系的呢？1941年9月21日在中国有一次看日全食的机会。那时我刚15岁，正在上高中，看到高鲁在当时重庆最有名的报纸《大公报》4月9日的文章《从"星月会"谈今年的日全食》，这篇文章现在我都保留着。我觉得他这篇文章写得真好,"星月会"富有诗意,引起了我强烈的兴趣,崇拜之情油然而生,忍不住写了封信向他请教天文知识。我把信件交给了《大公报》,《大公报》就把我这封信转交给高鲁了。没多久,我居然收到了高鲁的回信,是他的秘书代写的,字迹非常工整,回信一方面肯定了我对天文学的兴趣,另一方面指点我向天文研究所的张钰哲、陈遵妫等专家写信请教,并把这些人的通信地址告诉了我,我才能顺利地与天文研究所的科研工作者们建立联系,也因此使我走上天文道路。

1947年,高鲁逝世了,我怀着无限敬意和感激参加了纪念会,大家在七科学团体年会上纪念高鲁。1949年12月,中国天文学会的《宇宙》杂志出版了纪念高鲁的专刊,登载了我的一篇文章《用实际行动纪念高鲁》。我在那篇文章里特别提到,为了纪念高鲁,我们应当建立一座天文馆,叫高鲁天文馆,我用这篇文章来表达我对他的怀念和感激之情。我最早提出建设天文馆的想法,就是在这时,当时只是想建立一个天文馆来纪念高鲁,但是后来渐渐催生了建立北京天文馆的念头。1987年,在北京古观象台旧址,召开了纪念高鲁先生诞辰110周年纪念会,我的文章《高鲁——中国的弗拉马利翁》登载在当时由中国科学院主办的《中国科学报》上。高鲁曾经很推崇弗拉马利翁(Camille Flammarion,1842—1925)。高鲁有许多愿望,比如,在中国建立天文馆,翻译 *Astronomie Populaire*(《大众天文学》)杂志等。中国天文界元老、云南天文台陈展云先生在给我的一封信中写道:"高鲁先生的一些愿望,都在你和大家的推动下完成的,你们帮他实现了愿望,如果他地下有灵,也会感到很欣慰的。"

20世纪90年代,王绶琯先生约我一同呼吁给高鲁先生塑像,为此我们积极奔走。我们的努力在1994年终于变成了现实——高鲁先生铜像在南京紫金山天文台落成。2007年是高鲁先生逝世60周年，福建长乐市是他的故乡，家乡的人民要给他建立一座纪念馆，他们找我帮忙，我积极地参与筹备并参加了高鲁天文馆的开幕式。我从15岁开始通过书信结识高鲁先生，虽然从来没有见过面，但是直到现在我还在做纪念他的工作。

第二位要谈张钰哲。用今天年轻人的话说，我曾经是他的"粉丝"。如果说我这辈子做了一些事情的话，那么，这些事情都与张钰哲的引导、帮助和支持分不开。我们今天做天文学研究或者做天文科普的人也都不应该忘记他。因为他为中国的天文学事业做出了重要的贡献。

起初，我是在高鲁的指点下开始和张钰哲联系，我读了他的书和文章，觉得他的文笔特别好，特别仰慕他。即使到现在，我觉得他的文章在天文学界也是独树一帜的。1943年，张钰哲担任中央研究院天文研究所第三任所长，我和他通信，他非常及时地给我回信，还称呼我为"弟"，让我感到非常亲切。我现在还清楚地记得他给我的第一封信中写道："吾弟文辞流利，字迹秀逸，甚善。"1948年，我担任上海《科学世界》编辑时，在5月号里专门选登了张钰哲的一篇关于日全食观测的文章，还把他观测日全食的一张照片作为当期封面。我以前只是作为他的"粉丝"崇拜他，这时也算能为他做些事情了，感到很高兴。我在《科学世界》1947年10月号上还登载过一篇文章《南京紫金山天文台巡礼》，这是一篇万字长文，那时张钰哲是紫金山天文台台长，正在美国访问，我写这篇赞美天文台的文章，写了在张钰哲领导下紫金山天文台的情况，算是表达我对他的崇敬之情。

1948年夏天，我父亲来到上海，看到我在编辑《科学世界》，就建议我回南京紫金山天文台工作，去做正规的天文学研究，而不是编辑杂志。他说："既然你对天文学这么有兴趣，那就应该回到天文台继续做天文观测和研究工作。"于是我就和张钰哲联系,说暑假我不想在暨南大学听课了,也不编杂志了,我想回到天文台继续工作。他同意我去天文台实习,我实习了一段时间后,向他表达了希望能够留下来继续工作的想法。他就给我出题考试,笔试完还有面试。我顺利通过了考试,他给我办理了相关手续,从此,我成为紫金山天文台的正式工作人员。可以说,张钰哲是带领我正式步入中国天文学殿堂的第一人。不久后,淮海战役打响了,南京政府作鸟兽散,中央研究院命令各研究单位搬到台湾去,有个别研究所直接搬去台湾了,天文研究所则是从南京暂时搬到上海。在上海的日子里,我和张钰哲来往就更多了。我当时担任《大众天文》杂志编辑,请他写文章,他很支持我们。

1949年9月15日,我们天文研究所留在上海的几个人回到南京,10月1日在紫金山天文台升起了五星红旗。1950年年底,在北京燕京大学当教授的戴文赛向科学普及局建议,让他们找我来北京搞科普工作,于是,科普局就发了封信邀请我到北京参与科普工作。科普局局长袁翰青是张钰哲的好朋友,袁局长这么一邀请,张钰哲台长就放我来北京了。我在北京待了1个月,活动非常多,主要内容就是推动天文馆建设事业,为后来天文馆的建造作铺垫。

1951年11月,中国科学院下达了一份文件,要求每个研究所必须要有一名学术秘书,张钰哲指定让我担任这项工作。按道理,我的学历和资格是不够格担任这项工作的,但是张钰哲台长很器重我。他觉得我的活动能力和人际关系都不错,可以胜任工作,所以让我来承担,我也欣然接受了。我在紫金山天文台做科普演讲、宣传,还设置了供工农兵群众观测天象用的开放性天文仪器,同时也在积极筹备北京天文馆。当时紫金山天文台的科普工作做得有声有色,得到过表扬。张钰哲台长对我做的向公众开放的天文科普事业非常支持，对于我筹备北京天文馆也非常支持。他还专门写过文章，说在北京建立天文馆是非常必要的。按道理说，我在紫金山天文台工作，却一直在做筹建北京天文馆的事情，这些其实不算我的本职工作，但是张钰哲并没有干涉我做这些事情，反而很支持我，我真的是特别感激他。

我和张钰哲先生本人相处得很好，和他的家人的关系也很好，我曾教他儿子欣赏古典音乐。我们之间虽然是上下级的关系，但是后来我和他就像朋友一样，他时常到我家里做客。正因为我们于公于私都有很好的合作关系，才成就了我后来的事业。我调到北京工作以后，他来北京办事，也会来找我。有时让我帮他办一些事情，我也总是尽心尽力。我国在出科学家纪念邮票时，我积极推动中国科协和中国科学院出张钰哲的纪念邮票，并实现了我的这个愿望。

现在，我正在写张钰哲的传记，这是同事们建议我做的事情，大家觉得我资料非常丰富，而且对张钰哲很了解，有能力写出来，我觉得这个建议很好。我搜集了他的大量资料，现在正在写，但事情太多，进展很慢。周培源先生是张钰哲在美国芝加哥大学时的同学，也是他的好友，我和张钰哲的夫人商量，请周培源给他的传记写个序，周培源欣然答应，实际上这篇序是我负责起草的，周培源看过后，略加修改，现在已经收录到《周培源文集》[①]里了。序已发表了，但书还没有写出来，现在我正积极完成这个任务。

我提议为高鲁建立纪念性的天文馆，积极给张钰哲写传记，从我个人来说，是对他们知遇之恩的报答。

访：陈遵妫先生是北京天文馆的馆长，您和他的交往就更多了吧？

[①] 周培源著：《周培源文集》。北京：北京大学出版社，2002年8月。

李：是的。陈遵妫和我关系密切，也是从通信开始的，到后来我在他手下干天文馆，有着几十年的交情。陈遵妫是中国天文学著译最多的天文学家之一，在天文普及上做了大量开拓性工作，引导不少读者热爱天文并走上了天文之路。我走上天文科普的道路，陈遵妫的那本千页大书《宇宙壮观》对我产生了很大影响。那本书是从日文版翻译过来的，我特别喜欢里面的星图，可以说，陈遵妫是我走上天文学道路的又一位引路人。可以说，我也是他的忠实"粉丝"。

抗日战争时期，生活非常艰苦，那时他在和我的通信中说："兄虽常以稀饭度日，但心态乐观。"商务印书馆的《东方》杂志曾是一本很有名的杂志，1943年陈遵妫每月写一篇希腊星座神话登在上面，十分引人入胜。后来我才知道，陈遵妫并不观测天空，也不专门研究星座，但是他写科普性文章，做相关翻译。我还发现他和我不一样，我是从兴趣出发从事

1984年9月紫金山天文台建台50周年纪念活动留影。左起：李鉴澄、王绶琯、孙克定、叶叔华、席泽宗、苗永瑞、张钰哲、罗定江、陈遵妫、李元、吴守贤、陈展云

天文事业,而他是从国家对天文学发展的全局和需求出发。1947年,陈遵妫在中国科学社的《科学》杂志上登载《30年来的中国天文学》一文,他在文中写道:我一辈子愿以二流人物来服侍一流科学家。

我第一次与陈先生见面是在1946年,是天文研究所从昆明搬回南京后。我在中学教书,业余画星图,他看到我画的星图不错,说我人才难得。再加上当时在华西大学担任理学院院长的李珩先生推荐,他就吸收我到天文研究所工作,虽然只是担任绘图员和图书管理员的工作,但是天文研究所的门槛很高,我这一去可算是眼界大开,比起以前自学天文知识而言,视野开阔多了,所以我说陈遵妫是我进入天文界的引路人。后来,他又让我去上海,在暨南大学听天文学系的课。

1955年,我参与北京天文馆筹备工作。上级调任陈遵妫担任北京天文馆馆长,他成为我的领导,我们共事了许多年,他对我帮助很大。他是中国天文学会的重要成员,一生都在不辞劳苦地工作,我曾这样评论这几位天文大家,我说:"高鲁是中国现代天文事业的倡导人,余青松是建设者,张钰哲是创业者。陈遵妫则是维护者、是大管家,别人不干的他都干。"现在,陈遵妫的女儿陈永汶给父亲写了一本传记《行走天穹》,我给传记写了一篇《陈遵妫的科普著作》的文章。

访:您还说过,您是李珩的"超级粉丝",为什么?

李:李珩先生非常能干,也非常聪明。李珩,另外一个名字叫李晓舫,早年间,大家只知道他叫李晓舫,而不知道他叫李珩。他哥哥是中国青年党的主席,叫李璜,是很有名的人物,后来去了台湾。李珩留在大陆搞学术。他非常聪明,天文地理无所不通。我和李珩关系极好,因为性格相近,而且我们都很喜欢文艺。我和陈遵妫是工作上关系很密切,我和李珩是生活上接触更多。我特别喜欢和他来往,也特别喜欢读李珩的文章。

陈遵妫的文章大多是纯天文学的,李珩的文章有许多人文内容,语言优美,很吸引人。也正是因为这一点,我说自己是李珩的"超级粉丝"。我去天文研究所,就是李珩推荐的,他还推荐我给《科学世界》杂志写文章,那是我科普写作的真正开端。陈遵妫引领我进入了天文学的大门,而李珩则是我的恩师。我参与北京天文馆建设工作,李珩极力支持我,他给我写信,说支持我终生干这件事情。那时我担任紫金山天文台台务秘书,他担任天文台专业研究员,还经常和我交流天文馆建设事宜。我最初是他的崇拜者,后来变为他的合作者,应该说也是他的助手。

我和李珩合作过的最大的一件事情就是翻译法国天文学家弗拉马利翁的《大众天文学》,这是一部载誉世界的科普名著,1879年在法国出版,不久便风行全球,被翻译成多国文字。早在1927年,高鲁就产生过把它译成中文的想法,但是因为工作繁忙,一直没有实现。1955年,这部百万字著作在法国又出版了增订版,许多法国天文学家应弗拉马利翁夫人的要求,在保留原著风格的基础上增添了大量天文学的新发现和新知识。

1986年李元与李珩夫妇合影

1957年，北京天文馆建成开幕，时任上海天文台台长的李珩就想把这本书翻译成中文出版，用以纪念北京天文馆的诞生，并期望把弗拉马利翁将天文学大众化方面的成功经验传播到中国。李珩早年留学法国，获得天文学博士学位，不但精通天文数理，也酷爱文学。他的夫人罗玉君教授曾在法国获得文学博士学位，他们在法国时就阅读过《大众天文学》，因此他是翻译这本书的最佳人选。这部巨著洋洋百万字，图片近千幅，译介这本书谈何容易，但是李珩教授毅然挑起了这副重担。

20世纪60年代，他开始翻译这本巨著，要我担任他的助手，和他一起翻译。我不懂法文，所以由他负责翻译，我负责整理、校对、选编一些新的彩色天文图照。1964年，英国出版了这本书的英译本，书名是 *The Flammarion Book of Astronomy*，我就可以拿着英文版对照着做校对了。那时我家里堆积了3 000多页稿纸。为了早日翻译成功，李珩牺牲了许多休闲娱乐时间，全身心投入到繁重的翻译工作中。我当时在北京天文馆工作也很繁杂，时间很紧迫。我往往是白天上班，晚上编校译稿到深夜。当时我谢绝了许多约稿，连上海少年儿童出版社约写《十万个为什么》的天文部分我也没敢答应，因为我觉得翻译《大众天文学》实在太重要、太有价值了，这本书对天文科普工作者，对天文馆工作者，对广大天文爱好者，对天文教育和研究工作者，都是极其有价值的读物，我一定要集中力量完成这本书。我们翻译的流程是，李珩教授翻译好一部分，就从上海寄到北京来，我编校完一部分，就又送给科学出版社的责任编辑夏墨英，由她最后整理发排。大概是在1965年初前后，这本翻译稿正式分册付印，在1965年5月到1966年6月分成三个分册出版。第一分册包括地球和月亮两篇，第二分册是太阳、行星世界、彗星、流星及陨星，第三分册为恒星、宇宙和天文仪器天文台。

一向以出版国内外科技专著著称的科学出版社以前很少出版这样大部头的科普巨著，像《大众天文学》这种资本主义国家出版的科普巨著能在当时的情况下全文译出，公开发行，不能不说是我国当时科普出版的一件大事。科学出版社也大力宣传，隆重推出。

《大众天文学》中译本第一、二分册先后出版时，得到广泛好评，很快就售光了，又重印过一次。但与此同时，"文革"风暴骤起，席卷全国，《大众天文学》立刻受到批判，被冠以"宣扬封资修大毒草"的罪名，不但书不许卖，而且把纸型毁掉，绝其后路，李珩和我也被冠上罪名，遭到批斗。当时李珩已经是快70岁的老人了，怎么能忍受这样的侮辱？他甚至萌发了轻生的念头，幸亏被他的女儿及时发现，才幸免于难。这时第三册刚刚印好，但是被封存在仓库里不准发售。因此，中译本《大众天文学》是以残缺不全的面貌在国内问世的。直到"文革"后期，才在第三册扉页上打上"限内部发行"的字样，控制出售，致使一般读者长期因为买不到第三分册而倍感遗憾。"文革"后，许多读者要求重印，但是纸型已经在"文革"中被毁掉了，重印无望。《大众天文学》中译本全本竟然成了稀世之物。

1978年，科学大会举行，终于给我们带来了转机。李珩教授虽然在"文革"中受到了极为不公正的待遇和批判，但是他始终以事业为重，想挽回在"文革"中失去的一切，又重整旗鼓，投入工作。在他的积极建议下，科学出版社同意重新出版《大众天文学》，但考虑到该书原版是1955年出版的，现在已经过去了20多年，天文学又有了新的发展，决定请他加以全面的补充修订，李珩教授又开始披星戴月地干了起来。但是到了20世纪80年代中期，又因为种种原因使得《大众天文学》新版计划搁浅了。

在促进新版出版的过程中，我始终作为李珩先生的助手参与工作。因为迟迟无法出版，最后他只能把自己写好的补充资料交给我保管，等待可能出版的机会。1985年，法文版《大众天文学》又出版了新的版本，书名为 Astronomie Flammarion，这个新版本由10多名法国天文学家协力修订，全面更新，分为两册，共1 056页，插图1 500幅，全部彩色印刷。1987年，北京图书馆收藏后，我立即把这本新版本的全部目录和序言等资料复印寄给李珩教授，但是面对这本巨著，已经是耄耋老人的他，除了赞赏之外，再没有能力翻译了，而且当时也没有出版社表示愿意出版这个新版本的中译本。1989年，李珩教授以91岁高龄去世。

直到新世纪来临，这本书才又迎来了转机。2001年，广西师范大学出版社了解到了《大众天文学》的历史情况，在征得李珩教授的女儿李晓玉教授的同意后，决定启动重版这一科普巨著的工程。2001年12月，纪念著名天文学家和科普作家卡尔·萨根逝世5周年活动在北京中国科技会堂举行，中央电视台以《新世纪科学论坛》大型专题节目与全国广大观众见面。我们专门在会场上提到《大众天文学》中译本曲折多难的命运，并在现场高举着《大众天文学》中译本，向观众宣布该书修订本将于2002年出版，得到了大家一致的赞赏和掌声。

2003年1月，这本书终于正式出版了中译本新版本。在中译本的内容上，我增加了李珩教授增补的资料和由我选编的80页彩图，包括哈勃望远镜拍摄的奇丽无比的天体照片，最后还编入了8大幅全天星图。全书分为上、下两册出版，终于算是了结了我的一个心愿。今天看来，这部书虽然没有包含目前天文学的许多新发展和新成就，但是它展示了著名科普大师的科普才华和文笔，也展示了著名天文学家和翻译家李珩教授为科普事业付出的艰辛和不屈不挠的精神。

此外，我和李珩先生还合译过一本世界天文科普名著《星图手册》①。《星图手册》自1910年出版以来，出版过许多版本。我早就想把这本书翻译到中国，李珩先生非常支持我，他和我一起翻译，在1984年推出，由科学出版社出版。李珩去世后，1994年我受台北明文书局的邀请，根据该书1989年英国最新版修订增补，1995年在

1988年李元与恩师李珩（右）在一起

台北正式出版，成为当时海峡两岸的最好星图。现在这本书的2004年版已经合作翻译完毕，将由湖南科学技术出版社出版。

李珩的趣闻很多。1936年，李珩和张钰哲去苏联远东地区的伯力观测日食，有一次仪器电路出了故障，李珩就站在凳子上检修，但是不慎触电，张钰哲及时把凳子踢倒，救了李珩一命，这件事成为天文界的一段佳话。他和张钰哲是好朋友，他夸张钰哲是绝顶聪明的人。不过，我觉得聪明不聪明要分开来看，在业务上聪明的人不一定样样聪明。我和李珩家人关系也很密切，他的儿女和我的关系都很好。

访：您也经常提起戴文赛的名字，我们对他不很了解。

李：也许今天的年轻人对他不是很了解。戴文赛是我国现代著名的天文学家和天文教育家，20世纪30年代前后留学英国，专攻天体物理学，得到了著名大科学家爱丁顿（A. S. Eddington）的赏识，1940年获英国剑桥大学博士学位，第二年回国担任天文研究所研究员，后来又担任燕京大

---

① P. Norton 著，李珩、李元译：《星图手册》。北京：科学出版社，1984年。

学、北京大学和南京大学的教授,在南京大学天文系当系主任。他很喜欢写科普文章和散文,文辞非常优美。我很喜欢读他的文章。他还经常写写旅游文章,比如抗战时,他在英国听到《最后一次看见巴黎》的歌后,还专门写了由这首歌引发的对巴黎的回忆,笔调浪漫抒情。后来他出版了一本旅英散文集《爱梦河畔》,很受欢迎。我是看了他的散文后,很仰慕他,就和他通信,建立起联系。后来,我在重庆见到了他,那时他已经是著名的天文学家了,还邀请我这个年轻人吃西餐。1946年后,我帮他办理过一些书籍出版的事情。我和他的兴趣爱好非常相似,都热爱天文、爱好科普、爱写科普文章,也爱好古典音乐,喜欢用优美的文学语言来写科普文章,因此我们的共同话题很多。换句话说,我和戴文赛先生的来往,更多的是建立在科学普及工作和文学艺术鉴赏两方面。

1950年,中国科学普及局要开展工作,他向袁翰青局长推荐我,说我适合来北京干科普事业,袁翰青就把我从紫金山天文台借调到北京从事天文馆建设的筹划工作。也正是戴文赛教授的推荐,影响了我这一生。

1958年李元(左一)在北京古观象台与戴文赛(左二)、陈遵妫(左三)和苏联天文学家库卡金(左四)合影

访:您经常提起竺可桢先生,那可是我国著名的科学家啊,上海科技教育出版社正在出版《竺可桢全集》呢。

李:竺可桢对天文馆事

业和我一生的事业影响极大,我对他充满了敬仰和感激之情,我习惯称呼他为竺老。我是在22岁时认识他的。那是1947年8月,抗日战争胜利后第一次七科学团体年会在上海举行,他在上海岳阳路中央研究院大礼堂以"科学与世界和平"为题作了精彩的演讲,给大家留下了深刻的印象,这是我第一次听他的演讲。第二天,中国天文学会和中国气象学会的分组会议由竺老主持,在会场上,他和我握手相识了。

1948年上海解放前夕,当时担任浙江大学校长的竺老,在接到教育部的电令之后到达上海,隐居在上海中央研究院。当时蒋家父子要他去台湾,国民党政府为了混淆视听,在1948年5月2日上海各大报纸上伪造新闻说"竺可桢已经飞抵台湾",为此竺老致函留校护校的浙大知名教授苏步青等人说:"近代物理学尚未发现分身之术,兄等置之一笑可耳。"那时我在中央研究院天文研究所工作,跟随张钰哲所长暂时待在上海,不去台湾。我和罗定江住在中央研究院16号小楼,楼上是物理学家钱临照教授一家,当时钱临照教授是中央研究院代理总干事。吃饭时,我们就在院内的小餐厅和竺老同桌进餐。当时局势混乱,只有很少的人在那里吃,伙食极差,而竺老却能忍受,给我留下了深刻的印象。当时我和罗定江在编辑《大众天文》杂志,有时也向竺老请教一些天文问题,他知识渊博,也和蔼可亲、平易近人。

新中国成立以后,在建立北京天文馆的工作中,更得到了他的关心、教导和有力的支持。1950年我应邀到北京中央文化部科学普及局短期工作,筹划天文科普工作,当时我曾向袁翰青局长、中国科学院竺可桢副院长等领导提出建立天文馆的设想。1952年我将《北京天文馆筹建计划书》请张钰哲台长面呈中科院吴有训副院长(主管数理科学)和竺可桢副院长(主管地学等部门兼全国科普协会副主席)审批,得到了他们的肯定,并将计划书转给北京市讨论。北京市的意见是原则上同意，只是要等待时机和经费。竺老在1954年8月1日的日记中有记载："遇吴晗及钱俊瑞，谈及假天馆事，市府已将计划列入。"9月10日吴、竺二位副院长指示院办公厅电南京紫金山天文台张钰哲台长："派李元携假天馆资料速来京。"这是在竺老支持下建立北京天文馆的第一个启动信号。9月中旬我到中科院院部报到，当即向竺老等领导汇报了有关情况。10月，竺老参加中国代表团赴柏林祝贺民主德国五周年国庆，他在柏林10月18日的日记中写道："据报告，购置假天馆购货单已带来，已与蔡司厂接洽……"在那么重大的外交活动中，他还关心着天文馆的事情，就是对建馆工作的最有力的支持。

后来竺老回国途中受中科院院部指示，要他在莫斯科参加10月26日苏联科学院举行的天体演化学学术会议，回国后他在院部作了会议情况的报告。在他11月28日的日记中有记载："9点到院，即至楼上报告上月在莫斯科参加的科学院举办的天体演化会议，到天文、气象、地理学会会员约100人，涂长望主席、李元帮助写名词……"因为他浙江口音比较重，有些词句不容易听明白，又加上许多天文学名词，外国天文机构名称和天文学家的姓名很多，所以命我写板书，会后他对我的板书表示满意，并把中央气象局首任局长涂长望介绍给我认识。1955年1月17日他在日记中写道："下午参加市府召集的会讨论假天馆建筑。假天馆费用200亿元（相当于人民币改革后的200万）已由科学院在1954年经费内支出，其中80亿元购蔡司天象仪，以120亿作为建筑费。"3月9日的日记中有："李元来谈，知市政府把星象仪馆领导问题要科学院来管……此事。明日下午科普协会将讨论之。"北京天文馆筹建的全过程，得到了他的费心帮助。1957年9月29日，北京天文馆落成开幕，他亲自出席开幕式并剪彩。

那时我虽然早就到北京筹建天文馆，但是人事关系迟迟不能调入北京，因为张钰哲台长希望我在天文馆建成后仍然回到紫金山天文台工作。我感觉自己在天文馆工作更能发挥专长，但是又无法说服张台长，因此我请竺老向张台长疏通一下。后来竺老劝张台长放我走，我才能和家属一起迁居到北京。竺老，永远值得我怀念和学习。

国内外的挚友

访：除了一些前辈大家之外，您在前面经常提到像卞德培啊，日本的藤井旭啊，等等，请再详细介绍一下。

李：对，这也是必须要说的。从同辈的同事和朋友来说，和我关系最密切的是卞德培、沈良照，日本的藤井旭、岩崎一彰，还有美国的杜兰特。下面我就分别说说。

卞德培是浙江平湖人，和我有着50多年交情，是我的好同事、好朋友。他学的是法语，我1947年在南京紫金山天文台工作时，他还在上海的法资银行工作。但他是天文爱好者，经常给天文台写信，打听天文台和天文学界的各种事情。我注意到了这个年轻人，就给他写信，说大家兴趣相投，可以交个朋友。1947年夏天，我去上海参加七科学团体年会，在上海见了他一面，从此我们的通信和相互接触就多了。1947年10月，我到上海工作，为李国鼎主编的《科学世界》杂志当编辑，我的编辑部离他家不远，他时常到我办公室来，他也喜欢写科普文章，我们的交往更深了，我和他家里人也相熟了。1947年，我俩还一起发起了"中国青年天文联谊会"，为青年天文爱好者建立联系的纽带，后来发展成大众天文社，现在我国天文事业的许多骨干都曾经是我们的社员。

1948年，上海《科学大众》杂志和中国天文学会协商，要合作出版《大众天文》杂志，将它作为《科学大众》的副刊出版，大家商议由我和卞德培共同负责《大众天文》杂志的编辑工作，我们的关系就更加密切了。同年，我听从父亲的意见，回到紫金山天文台工作。在紫金山天文台期间，我也不间断地和他通信，商讨编杂志一事。1949年1月，《大众天文》杂志出版了，一直到1953年停止出版，共出版了4年。我和卞德培还在1954年合作编写并出版了《天文学图集》。在我们一起工作的几年期间，我介绍他认识了许多天文台和天文界的人。

1954年，我从紫金山天文台调到北京筹建北京天文馆。我刚到北京的第二天，就给他写了张明信片，说天文馆事业马上就要启动了，我想邀请他来北京工作，和我一同干天文馆事业。在北京，我把一些事情处理完，暂且又回到南京。一到南京，我马上打电话给卞德培，让他赶紧到南京来商讨事情。他立马就来了，我俩彻夜长谈如何建设天文馆，兴致勃勃，不亦乐乎，这一晚的长谈成为后来数十年我们从事天文馆建设事业合作的发端。1954年年末，他正式从上海科学技术普及协会调到北京工作。他打字非常快，我经常给他一些天文资料让他编辑。他最初是在上海的法资银行里工作，新中国成立后，他宁愿放弃法资银行的优厚待遇，到上海科普协会工作。正因为他进入了科普系统，才能把他调到北京来从事天文馆工作。如果他还在法资银行里，恐怕我们还没办法把他调出来呢。我曾经同他开玩笑说："你在法资银行里工作时，恐怕打字机里打出来的不是钱款数据，而是天文资料。"他从上海调来北京工作时，夫人的工作怎么安置呢？他夫人是从事幼儿教育的，我爱人也是做这项职业的，我就给中国气象局打电话联系，把两个人都调到了中国气象局幼儿园工作。气象局幼儿园在动物园附近,而北京天文馆选址就选在动物园对面,把家安在那里,对我们的工作很方便。

沈良照也是我数十年的老朋友,我把他推荐给张钰哲,他从清华大学毕业后就到紫金山天文台工作,现在是著名的双星和变星专家。

我的日本朋友藤井旭,是日本非常活跃、非常著名的天文科普作家,出版了数百本著作。我和他也是经过通信认识的。我在杂志上看到他的文章,很感兴趣,就主动给他写信,就这样认识了。后来,我和他相熟后,他每出版什么书,就会很快给我寄一本过来,所以我现在保存了好多他撰写出版的书籍。他与我和卞德培的私交都非常好,我和卞德培获得小行星命名,就是他极力推荐的。1998年,我去日本访问时,也承蒙他的关照,专门来东京陪我一天,拍摄了许多值得纪念的照片,晚上他又赶最后一班新干线回去,让我不禁深感中日两国民间友谊的真挚可贵。

岩崎一彰,原名岩崎贺都彰,是日本著名太空美术画家。他从小爱好美术,13岁就获得了日本全国水彩画大赛头奖。他也爱好天文,后来开始天文观测和宇宙画的制作。他从1965年开始出版了一系列精美的太空画集,取得了巨大成功。1980年,他把他的著名画集《宇宙》赠送给中国科学院北京天文台,并在画集里写道:送给亲爱的中国朋友。他的另一本画集《宇宙和自然》也被北京天文馆收藏。我和他就此建立了联系,成了好朋友。1982年,他给我寄来了他的太空画集和彩色幻灯片。1988年,我协助他在他的出生地大连成功地举办了个人太空画展。1994年,他妻子病逝,他改名为岩崎一彰。1998年1月,他在横滨创建了"岩崎一彰宇宙美术馆",同年,荣获国际编号第7122号小行星命名。2001年,我第二次去日本访问,仅有一天空闲时间。我在东京给他打了电话约见面,他开车来见我,并带我去参观了他的画廊。我们的友谊一直保持到现在。

杜兰特是我了解美国的太空美术时认识的。他曾经是美国第一任火箭学会会长，是华盛顿特区的宇航博物馆副馆长，是国际太空美术中心的负责人，也是美国著名太空美术画家邦艾斯泰的代理人。最早是美国太空画家米勒介绍我们认识的。杜兰特是一位事业心极强又极为热情的人。他十分热爱太空美术并积极推进它在美国的发展，我也十分热爱太空美术并积极推进它在中国的发展，他觉得我是他难得的海外知己，因此寄来许多热情洋溢的信件和许多有关太空美术以及天文的图册，我们建立了真挚的友谊。岩崎一彰就是由他介绍给我认识的。1983年，他和岩崎一彰在东京举行了日美联合太空艺术展览，但是很遗憾，我没能参加。在他们的协助下，我也组织了"宇宙画展"和"宇宙在召唤"太空美术展览，从1984年起先后在北京、南京、上海、乌鲁木齐、大连等十多个城市巡回展出，受到好评。从此，太空美术开始在我国普及。

1995年，我去美国访问。在前往华盛顿之前，早写了一封信给他，告诉他我将要住在华盛顿姐姐家。他接到信件后就不断给我姐姐打电话询问动态。9月1日，我们终于在华盛顿郊区见面。这是我们通信15年之后的第一次见面，特别激动。我去他家拜访，第一次看到大师邦艾斯泰《水星世界》的原画。他把我介绍给美国太空美术界，让我认识了一些世界知名的太空美术家。在华盛顿我住了半个月，和他相聚多次，读了许多太空美术书刊，他还送给我邦艾斯泰亲手签名的《土星》《火星》两幅大型复制品，这两幅画在美国美术市场上也是珍品。

杜兰特还亲自驾车陪我去参观美国国家宇航博物馆，当时他已经79岁了，仍然陪同我一一观看展品，并不时介绍，这对我而言是最高的礼遇。总而言之，和杜兰特的交往使我能够有机会和世界太空美术界建立联系。

2005年6月10日李元的好友在科学时报社举行了小型座谈会，为他祝贺80岁生日和从事科普60年。前排左起：李竞、胡亚东、李元、王绶琯、席泽宗、沈良照、郭正谊。后排：刘铁柱、齐锐、金涛、赵世英、卞毓麟、朱广平、李大光、杨虚杰

2005年6月10日，我的部分好友在科学时报社举行了一个小型座谈会，祝贺我80岁生日和从事科普工作60年。王绶琯、席泽宗、胡亚东、沈良照、李竞、郭正谊、金涛、赵世英、卞毓麟、李大光等好友都来了。

王绶琯特地为我写了一首贺诗：

    天上李元星下凡，科普载誉满科坛。
    箧中图像集珍品，笔底乾坤蔚壮观。
    风传雨润历五纪，李元壮心殊未已。
    请看今朝八十翁，高歌不让十八童。
    八十十八爱好同，相携天馆说天穹。

2005年6月中国科学院院士、前北京天文台台长王绶琯手书篆体

卞毓麟为我写了一副长联，把我的名字巧妙地嵌了进去：

桃李无言，趋之者众，携万民探索宇宙奥秘，当喜雅俗共赏，六旬耕耘，堪慰前贤；

汉元有器，贵乎其精，向领袖述说华夏天文，唯期辉煌再现，八秩夙愿，尤赖后昆。

访：李老师，您已经80多岁了，身体还这么棒，有什么诀窍呀？

李：我的性格和对问题的看法、对人生的态度与我终生从事的工作有密切的关系。我总是这样想，宇宙这样大，世界这样大，我们仅仅是宇宙中微不足道的一分子。我们还不知道宇宙中是否还有像我们一样的生物存在。我们自己又算得了什么呢？整天为了一些小事没完没了地计较有什么意思呢？可能确实是因为我是搞天文科普的，所以我的心胸比较开阔，遇到事情我很想得开，比如，"文化大革命"期间我的那些珍贵资料被烧毁，把我关起来，什么也不能做。与浩瀚的宇宙相比，与那些已经逝世了的、却

无人知道的伟大生命相比，我又算什么呢？

我想，人活在世界上就是要快乐，要做自己喜欢的事情。我这一辈子就是喜欢天文，喜欢科普，爱好音乐和艺术。我也从来不计较别人对我怎么样。我就专心做我的，就这样，做了60年科普。你不要看我这把年纪，80多岁了，我还要做呢，还有很多事没有完成呢！

访：李先生，我们的访谈就先到这里。我们被您对科普工作的执着和热爱深深打动，也被您的乐观豁达所感染。我们坚信，您的口述能够对中国早期天文学研究历史、天文科普史研究，甚至中国科普史研究，具有重要的价值。

李：我也非常高兴能够有这样一个机会将我这一生的科普事业做一个总结，同时通过这样的口述形式向所有关心中国科普和对中国科普感兴趣的人提供一些我亲身经历过的真实事件。借此机会，我也想向所有过去帮助过我的人和我的朋友致谢。谢谢大家，同时也祝愿大家幸福快乐！

附 录

李元年表

李元主要著述目录

主要参考文献

人名索引

李元年表

1925年　生于山西省太原市。

1938年　抗战期间入重庆友仁中学。自少年时代起爱好天文。

1941年　考入重庆合川国立二中读书。先后与高鲁、张钰哲、陈遵妫、李珩、戴文赛等通信。

1943年　加入中国天文学会，成为永久会员。

1945年　5月1日在重庆《大公报》发表第一篇科普文章《介绍"夏时制"》。

1947年　到紫金山天文台工作，任绘图员和观测员。

同年秋，至上海暨南大学天文系听课。（兼任上海《科学世界》月刊编辑。）

1948年　与卜德培等在上海发起、组织和成立"中国青年天文联谊会"（大众天文社前身）。

正式考入紫金山天文台。

1949年　当选中国天文学会理事，并任大众天文社总干事兼《大众天文》杂志总编辑。

1951年　任紫金山天文台台务秘书、天文普及组组长。

1952年　撰写《北京天文馆筹建计划书》。

1953年　2月23日，接待毛泽东、陈毅等视察紫金山天文台。

1954 年	调往北京筹建北京天文馆。
	与卞德培合编的《天文学图集》出版。
1956 年	主持北京古观象台的开放工作。
1957 年	北京天文馆建成开幕,全面负责科普宣传工作。
	接待周恩来、刘少奇、朱德、邓小平等参观天文馆。
	与陈遵妫、卞德培共同创办《天文爱好者》杂志。
1965—1966 年	协助李珩翻译出版世界科普名著《大众天文学》三册。
1979 年	中国科普作协成立,当选理事及外国科普专业委员会副主任委员。
	参加《中国大百科全书·天文学》的编图工作。
1982 年	当选中国科普作协理事、常务理事。
	由北京天文馆调入中国科普创作研究所(后改称"中国科普研究所"),任外国科普研究室主任。
1987 年	9月23日,参加中日联合日环食观测队,在山西平遥进行观测。
	在北京天文馆成立30周年纪念会上获"天文馆事业的先驱者"荣誉奖状。
1988 年	晋升为研究员。
1989 年	由中国科协派往联邦德国出席国际科学促进会。
	自中国科普研究所离休。
1990 年	由中国科普作协授予"建国以来有突出贡献的科普作家"荣誉称号。
1995 年	访问美国近1年,考察美国科普事业。
1996 年	参加全国科普工作会议。
1998 年	编号第"6741"号小行星命名为"李元星"。
	获"北京市先进科普工作者"称号。
	随河北科技馆访问日本的科普机构。
1999 年	获"全国科普工作先进个人"称号。
2000 年	参加中国国际科普论坛会议并举办"李元藏书展"。
2001 年	随黑龙江科技馆第二次访问日本。

　　　　　获中国老科技工作者协会授予的"优秀老科技工作者"和"科技耆英奖"。
　　　　　参加在中南海召开的、由国务院副总理李岚清主持的科普工作座谈会。
2003年　科普文选《到宇宙去旅行》，获第五届全国优秀科普作品二等奖。
2006年　由李元主编的大型"国际太空美术作品展"在中国科技馆展出。
2007年　《e时代的N个为什么·天文》一书获国家科技进步奖二等奖。

李元主要著述目录

1 天文学图集. 上海：新亚书店，1954*
2 简明星图. 上海：科学普及出版社，1957*
3 中国大百科全书·天文卷彩色图集. 北京：中国大百科全书出版社，1980*
4 张钰哲论文集. 福州：福建科技出版社，1994*
5 到宇宙去旅行. 沈阳：辽宁少年儿童出版社，2002
6 e时代的N个为什么·天文. 广州：新世纪出版社，2004
7 太空追星. 北京：新世界出版社，2005
8 宇宙在召唤. 北京：北京天文馆，2007*
9 漫步趣味星空. 上海：上海科学普及出版社，2008
10 天文爱好者手册. 北京：科学出版社，1956—1964*
11 大众天文学（3册，校译配图）. 北京：科学出版社，1965—1966*
12 星图手册. 北京：科学出版社，1984；修订版. 台北：明文书局，1995*
13 全天星图2000.0. 修订版. 北京：北京天文馆，1997*
14 大众天文学（上下）. 南宁：广西师范大学出版社，2003*
15 新编全天星图2000.0. 北京：北京天文馆，2004*
16 世纪星图2000.0. 北京：北京天文馆，2006*
17 剑桥天文爱好者指南. 长沙：湖南科学技术出版社，2008*

18 漫步趣味星空. 上海：上海科学技术出版社, 2008
19 大爆炸——宇宙通史. 南宁：广西科学技术出版社, 2010*
20 科普之星——李元（访谈录及文选）. 北京：科学普及出版社, 2010*

(注：* 为合作出版的图书)

主要参考文献

1 李元．到宇宙去旅行．沈阳：辽宁少年儿童出版社，2002．3
2 崔振华主编．北京天文馆文集（1957—1997）．北京：科学技术出版社，1997．6
3 Yuan Li. *Space Art and Astronomy*. Teaching of Astronomy in Asian‑Pacific Region. Bulletin No. 7. The 2nd Part of Special Issue of Teaching Astronomy Meeting in the Asian‑Pacific Region. Mitaka Tokyo Japan, 1993. 10. 1
4 中国科学技术协会．中国科学技术专家传略·理学篇·天文卷 1．北京：中国科学技术出版社，2005
5 李元．我的科普生涯．科普研究．中国科普研究所，1998（3）
6 科普研究编辑部．科普三星辉耀太空．科普研究．中国科普研究所，1998（3）
7 山西省地方志编委会．李尚任．山西人物志资料．1988．12（8）
8 李元．《大众天文学》传奇．科学与生活．上海：上海科学普及出版社，2003（11）
9 李元．太空美术与科学普及．科普研究．中国科普研究所，2006（6）
10 李元．日本科普事业概况专辑．科普研究．中国科普研究所，1988．8（10）
11 李元．美国国家地理学会科普出版物的一百年（评述）．评论与研究．1986．12．8（10）
12 李元．中国天文馆事业的诞生及其发展．科普研究．中国科普研究所，2008（4）

人名索引

A

阿贝尔（Abell, G. O.） 97
爱丁顿（Eddington, A. S.） 191
艾中信 64

B

白介夫 84, 88
邦艾斯泰（Bonestell, C.） 141~143, 145~148, 151, 198
贝　尔（Bell, A. G.） 106, 115
比安基（Бианки, В.） 103
卞德培　35, 36, 41, 43, 60, 61, 68, 69, 74, 104, 127, 129~131, 134~137, 145, 168, 195~197
卞毓麟　140, 199, 200
别莱利曼（Перельман, Я. И.） 97, 102, 103
卜尔格　41
布朗莱（Branley, F.） 144
布劳恩（Braun, W. von） 141, 143, 148

C

常福元　78, 79
常志海　134
陈　彪　41, 42, 90
陈　丹　150
陈　毅　42, 64, 81, 153, 155~157, 159, 162~164, 168
陈　云　168
陈遵妫　16, 18~22, 24, 25, 27~31, 34, 37, 41, 42, 43, 45, 51, 61, 68~70, 78, 80, 82, 84, 90, 145, 167, 168, 181, 184~187, 192

陈展云　79，181，185

程茂兰　65，90

D

戴文赛　25，27，29，43，53，65，
　　　　75，90，183，191，192

道格拉斯·林（Dauglas Lin）　92

邓　楠　176

邓小平　83，84，89，94，153，166

狄　利　78

渡边和郎　130，132

杜兰特（Durant，F. C.）　146~148，
　　　　195，198

F

方　毅　83，84，89，94

费尔斯曼（Ферсман，A. E.）　103

冯文彬　55

福冈启行　130，132，134

伏古勒尔（Vancouleurs，G. de.）　143

弗拉马利翁（Flammarion，C.）　181，
　　　　187，188

符其珣　96，103

福　西（Fossey，D.）　107

傅作义　9

G

高俊良　176

高　鲁　17~19，21，78，180~182，
　　　　184，186，187

高士其　94，136，137

高叔哿　29

哥白尼（Copernicus，N.）　73~76，113

宫本正太郎　144

龚树模　18，23

古道尔（Goodall，J.）　107

古在由秀　130，131

桂晓风　176

郭传杰　176

郭沫若　57，58

郭守敬　161

郭正谊　43，96，199

H

哈　代（Hardy，D. A.）　141，144

海　耳（Hale，G. E.）　30

胡　风　55

胡亚东　199

滑田友　64

华罗庚　84

J

加贺谷穰　121，144

姜椿芳　89~91

江　青　71~73

蒋经国 41

金常政 90

金立群 176

金 涛 199

金吾伦 171

K

卡 尔 63

柯庆施 155，159

克拉克(Clarke，A.) 148

肯 杜(Kindo，A.S.) 174

孔祥熙 11，13

库卡金(Кукаркин，Б.В.) 192

库尼斯 63

L

莱布尼茨(Leibniz，G.W.) 104

莱希(Letsch，H.) 62

理查森(Richardson，R.) 143

李国鼎 18，32~35，40，195

李 珩(李晓舫) 18，19，21~23，25，
　　　27，30，33，52，60，65，69，
　　　90，186~191

李 璜 186

李 嘉 101

李鉴澄 67，185

李 竞 144，199

李岚清 140，169，172~176

李铭忠 79

李启斌 75

李尚仁 2，37

李文广 176

李先念 83

李晓玉 190

李续纲 58，61

李约瑟 20，47，85，92

利玛窦(Matteo Ricci) 76

利维(Levy David) 112

梁思成 61

梁 希 64

廖庆齐 130

列昂诺夫(Лионов，A.) 148

林 彪 166

林盛然 90

林文漪 176

刘宝琳 46

刘伯承 166

刘少奇 153，167，168

刘述周 94

刘铁柱 199

罗定江 41~43，69，185，193

罗荣桓 168，169

罗瑞卿　162

罗玉君　188

吕　都（Rudaux Lucien）　143

M

麦克尔（Michel，R.）　151

毛　吕（Moreux，A.T.）　144

茅以升　64

毛泽东　81，89，90，153，154，159，160，163，173

苗永瑞　185

米　勒（Miller，R.）　141，142，146～148，198

木村繁　103

穆　尔（Moore Patrick）　111，144

N

南怀仁（Verbiest，F.）　76

聂荣臻　82

O

欧登第克　77

P

潘　璞　34

裴文中　55

彭庆昭　58，61

彭　真　55

Q

齐　锐　199

齐　仲　103

钱俊瑞　194

钱临照　33，41，54，64，193

曲钦岳　90

R

任鸿隽　3

戎子和　14

S

萨　根（Saggan Carl）　140，169～174，190

三本一清　19

邵正元　17，129

沈良照　36，62，139，195，197，199

沈左尧　64，143

史密松（Smithson James）　17，113，118～120

斯塔霍维亚克　75

斯瓦兹（Schwarz，R.）　77

宋　融　61

苏步青　193

苏梅克（Shoemaker，E.）　112

孙克定　42，79，81，154，155，157，159，162～164，185

孙联生　104

孙明经　62

T

汤姆生（Thomson，J.A.）　3

汤若望　76

陶世龙　94，96

藤井旭　104，110，129~132，134，144，195，197

涂长望　194

托马斯（Thomas，F.J.）　174

W

瓦德西　76

王庚年　176

王光美　167，168

王临一　64

王麦林　96

王绶琯　21，65，90，92，181，185，199，200

王天一　32，33，39，69

王同义　60

王云五　4，19，20

王　湛　176

王竹溪　33

魏末和　144

魏学仁　18

翁文灏　33

吴伯泽　140

吴　晗　55，56，58，61，65，71，72，82，194

吴阶平　136

吴守贤　185

吴同椿　151，152

吴有训　54，56，75，193

吴　锺　79

吴作人　8，64

武慧睿　73

五藤齐三　122

X

席泽宗　59，65，75，185，199

侠　师　51

夏墨英　188

夏　青　80

香西洋树　93

徐光春　176

徐世英　13

徐永昌　37

许达年　5

Y

盐野米松　130，132，134

岩崎一彰（岩崎贺都彰）　144，146~149，

195, 197, 198

阎明复　91, 93

阎锡山　3, 9, 14, 37

杨海寿　43

杨骥来　75

杨虚杰　199

姚文元　71

叶凯士（Yerkes, C. T.）　9, 30, 129

叶叔华　90, 185

叶祥发　45

伊林（Илвин, M.）　97, 102, 103

尹传红　172, 173, 176

尤　金　167

于右任　37

余青松　17, 18, 129, 186

喻京川　144, 148, 150

袁翰青　53, 55, 183, 192, 193

袁　隐　176

原田三夫　5

圆馆金　130, 132

岳志坚　75

Z

臧克家　10

曾　涛　172

曾竹绍　64

章道义　94~96

张济舟　62

张开济　61

张晓爱　176

张玉台　176, 177

张钰哲　9, 18~20, 25, 27~30, 33, 36~42, 43, 45, 46, 51, 54~57, 59, 60, 65, 72, 75, 79, 81, 90, 91, 129, 155, 157, 181~186, 191, 193~195, 197

张　云　38

赵进义　65

赵世英　199

甄朔南　94

周恩来　6, 67, 82, 153, 164

周光召　137

周令钊　64

周培源　184

周　仁　41

周志成　90

朱　德　153, 166

竹内均　98, 99, 101

竺可桢　32, 38, 41, 42, 54, 56, 57, 60, 61, 65, 81, 192, 193

李元访谈录
Interviews with Li Yuan
后 记

经过一年多的努力工作,《李元访谈录》一书终于告罄。在这段漫长的日子里,我不仅对中国天文科普事业的发展沿革有了些许了解,更重要的是,深深感受到以李元先生为代表的老一辈科学工作者们严谨治学、求实奋进、不计回报、只讲奉献的精神。这种精神是我们这一代年轻人最欠缺的,令我受益终生。

我的硕士论文主题与北京天文馆相关,北京天文馆正是李元先生一生中投入心血最多、最引为自豪的事业。在论文写作阶段,通过访谈和文献阅读,我对百年来为中国天文科普事业作出卓越贡献的天文学家和科普人有了更深的了解。那个年代的生活是清贫的,科研环境是艰苦的,我时常在想,是怎样的动力激励着他们全身心地投入到科普事业中去?为什么在战争频仍、颠沛流离的年代,他们没有放弃,即使在政治运动中遭受迫害,他们也依然坚持对理想的矢志追求?我们这代年轻人会像他们那样,即使身在艰苦条件中,也能毫无畏惧、坚定不移地追求自己的理想吗?

在写作这本书时,我终于可以同李元先生长时间地坐在一起,听他讲述60年漫漫科普路,探讨老一辈科普工作者对那个时代的思考和感悟。李元先生以过人的记忆,回顾了他和同行们的生活状态和工作状态。

　　当每一次访谈结束,整理稿件时,我再次认真思考李元先生谈到的每一个人、每一件事,再一次被老一辈科学工作者和科普工作者们对事业的执着深深打动。可以说,新中国初建时期,科学和科普事业基础薄弱,百废待兴,老一辈科学工作者和科普工作者们付出了艰苦卓绝的劳动,却从未考虑过回报。当政治运动风暴刮起时,他们遭受到太多不白之冤,身心巨创,但丝毫没有沉湎于抱怨,而是继续尽最大努力为科普事业做出贡献。我在想,支撑他们行动的,是精神世界的至纯至真和对理想的坚定执着,而这正是我们现在的年轻人极为欠缺、应当反思的。感谢这本书给我带来的启示和思考,从李元老师身上、从老科学工作者身上,我学到了终生受

李元在书房中与访者李大光(右)、陈曦(左)合影

用的东西。

书稿承卞毓麟先生审阅，提出了许多宝贵的修改意见，在此表示衷心感谢。

陈　曦

2009 年 4 月

图书在版编目（CIP）数据

李元访谈录/李元口述；李大光，陈曦访问整理． —长沙：湖南教育出版社，2010.4（2017.7重印）
（20世纪中国科学口述史/樊洪业主编）
ISBN 978-7-5355-6424-5

Ⅰ．①李… Ⅱ．①李… Ⅲ．①李元—访谈录 Ⅳ．①K826.14

中国版本图书馆CIP数据核字（2010）第054792号

书　　名	20世纪中国科学口述史
	李元访谈录
	Li Yuan Fangtanlu
作　　者	李　元　口述
	李大光　陈　曦　访问整理
责任编辑	何　莉
责任校对	李黎峰
出版发行	湖南教育出版社（长沙市韶山北路443号）
网　　址	http://www.hneph.com
电子邮箱	hnjycbs@sina.com
客　　服	电话0731-85486979
经　　销	湖南省新华书店
印　　刷	长沙超峰印刷有限公司
开　　本	710×1000　16开
印　　张	15.25
字　　数	187 400
版　　次	2010年4月第1版　2017年7月第1版第2次印刷
书　　号	ISBN 978-7-5355-6424-5
定　　价	40.00元